Susanne Mayer
Die Kunst, stilvoll älter zu werden

PIPER

Zu diesem Buch

Vintage-Jahre! Das ist ein Stoßseufzer der Erleichterung und hat im Ausgang eine Note − der Verblüffung. Vintage? Wie: von gestern? Dieser Schock ist Ausgangspunkt des Buches. Susanne Mayer begibt sich auf Spurensuche danach, was Altern heute bedeutet. Sie erzählt von der ersten Altersbashing-Erfahrung − hat dieser Typ an der Kreuzung »Alte Fotze« gekreischt? −, von Erlebnissen in der Familie − »Du in deinem Alter, Mama?« − oder am Arbeitsplatz: Hat der Kollege impliziert, den Job mache ein Jüngerer besser? Nämlich er?
Neben persönlichen Erfahrungen werden gesellschaftliche Entwicklungen seziert wie die Phantasien von der Optimierung nun auch dieser Lebensphase, die Rentenerwartung der deutschen Mutter oder Erfahrungen von Fremdheit in einer sich beschleunigenden Welt. Fazit: Vintage verlangt Gelassenheit, gegenüber den ehemals heißumkämpften politischen Zielen, den verlorenen Hoffnungen, alten Vorsätzen − Haltung auch gegenüber dem, was kommen mag.

Susanne Mayer, geboren 1952, ist Kulturreporterin und Literaturkritikerin der Wochenzeitung *DIE ZEIT*. Im Feuilleton der *ZEIT* erscheint ihre freche Kolumne »Männer!«. Für ihre Arbeiten wurde sie 1985 mit dem Theodor-Wolff-Preis sowie 1990 und erneut 1994 mit dem Emma-Journalistinnen-Preis ausgezeichnet. Susanne Mayer ist Autorin des Buches »Deutschland armes Kinderland« und lebt in Hamburg.

Susanne Mayer

Die Kunst, stilvoll älter zu werden

Erfahrungen aus der Vintage-Zone

Mehr über unsere Autoren und Bücher:
www.piper.de

MIX
Papier aus verantwor-
tungsvollen Quellen
FSC® C083411

Ungekürzte Taschenbuchausgabe
Piper Verlag GmbH, München
ISBN 978-3-492-31082-6
1. Auflage Juli 2017
2. Auflage Oktober 2017
© Berlin Verlag in der Piper Verlag GmbH, München 2016
© für das Gedicht »Segeln nach Byzanz« von William Butler Yeats
auf S. 17: Philipp Reclam jun. GmbH & Co. KG, Stuttgart 1976
© für das Gedicht »Herbstlicht« von Elke Niegengerd Wesolowski
auf S. 178/179: Moritz Wesolowski
© für das Zitat aus *Dankbarkeit* von Oliver Sacks auf S. 200:
Rowohlt Verlag GmbH, 2015
Umschlaggestaltung: zero-media.net, München
Umschlagabbildung: Laura Mate
Satz: Fagott, Ffm
Gesetzt aus der Baskerville und der Didot
Druck und Bindung: CPI books GmbH, Leck
Printed in the EU

Für Elke

»Wenn es gut läuft, hat jeder
von uns ein paar Jahrzehnte
auf dieser Erde.«

David Bowie

INHALT

RÜCKBLICKE

LETZTE FRAGEN

ANHÄNGE

ERSTE
KNITTERUNG

KOLLISIONEN

Neulich musste ich sehr lachen, Altern wird so obsessiv! In der Zeitung wurde eine Schauspielerin zum Thema Altern befragt, Überschrift: »Anfang 30«, sie sagte: »Ich bin froh um meine Sommersprossen, weil man meine Falten nicht so sieht!« Meine Falten? Anfang dreißig? Ich wollte gar nicht weiterlesen. Tat es leider doch. Ich las, die Frau ginge jetzt früher ins Bett und sehe morgens trotzdem zerknittert aus. Ich dachte: Liebes! Komm zum Frühstück, dann siehst du meine!

Da stand etwas von einem 26-jährigen Markus, der klagte, er bringe es einfach nicht fertig, sich von seinen Teenie-T-Shirts zu trennen, ja, warum – aus »latenter Angst vor dem Alter«. Im Ernst? Und Ronja von Rönne. Die Autorin ist so jung, dass die Feuilletons sie mit Jahreszahl nennen, wie: »Ronja von Rönne, 23«. Die frische Jungautorin, die auch schon mal als »wohlstandsverwahrlostes Schulmädchen« rüberkommt, las auf einem Literaturwettbewerb einen Text, der vor Alterspanik schon selber Falten warf: »Ich denke daran, wie ich mit meinem Vater auf einem Konzert im Olympiastadion war, und dann denke ich daran, dass mein Vater altern und sterben wird und dass ich das miterleben werde, und ich muss auch sterben, und überhaupt alle, und dann ruft Grönemeyer *Bochum, ich komm aus dir,* und ich fange an zu schluchzen …«

Was geht ab? – jung gefragt. Es scheint einen hysterischen Rutsch in Richtung Altern zu geben. Womöglich ist es ja so, dass in einer demographisch entgleisenden Gesellschaft, wo der Trend zu immer mehr alten Leuten geht, nun schon die Jugend überrollt wird von dem Alterstsunami und – trendig, wie sie ist, die Jugend – auf den Trend aufspringt und mit den alten Alten jetzt ums Altsein wetteifert.

Brillante Idee. Hätte man selber draufkommen sollen, also früher. Im Alter *bella figura* zu machen ist natürlich erheblich einfacher, weil man gar nicht alt ist, sondern noch jung und formvollendet. Es besteht leider ein wenig die Gefahr, dass die jungen Alten die echten Alten im Altsein abhängen. Auf Style-Blogs schütteln Jungmodels provozierend ihre grau gefärbten Haare. Girlies stratzen auf Instagram in neuen Omablüschen herum. Embrace your granny! Wer wirklich altert, dem wird natürlich oft ein wenig klamm bei dem Thema.

Der Mann einer Freundin wurde fünfzig, und sie erzählte, er wolle das nicht feiern, offensichtlich ein Fall von echter Alterspanik. Sie regte an, ich möge ihn anrufen und ein wenig aufmuntern. Ich also rufe an, und er sagt pampig: »Und? Wie war dein Fünfzigster?«

Ich wähnte mich zum Zeitpunkt dieses Telefonats Jahrzehnte von fünfzig entfernt. Ich machte darauf aufmerksam, dass ich *just over forty* liege, und fand Gelegenheit einzuflechten, dass einer meiner Ex in seiner Mail zu meinem vierzigsten Geburtstag geschrieben hatte: »Du bist der Neid aller Vierzigjährigen.« Das war sehr nett von ihm, wenn auch meine Nachfolgerin natürlich zehn Jahre jünger ist als ich, Neufrauen haben meiner Erfahrung nach ein konstantes Alter von zehn Jahre jünger. Als ich dann fünfzig wurde, brauchte ich zwei Jahre, um mich dem Fakt zu stellen. Ich feierte meinen fünfzigsten Geburtstag mit 52 Jahren.

Als meine beste Freundin sechzig wurde, fuhr sie mit ihren Lieben nach Wien, weit weg von diesem Sechzigsten. Am Tag des Geburtstags stand ein junger Mann in der Straßenbahn auf und bot ihr seinen Platz an, noch nie hatte ein junger Mann oder irgendein anderer Mensch ihr einen Platz angeboten. Ein schwarzer Tag. Ich hörte es nur von ihrer Tochter, meine Freundin selbst wollte darüber gar nicht reden.

Als ich selber sechzig geworden war, passierte etwas, was ich schon hatte kommen sehen. Mir wurde harsch beschieden, wie klapprig ich jetzt sei. Quasi Schrott. Die Situation war, dass ich, von rechts kommend, links abbiegen wollte – und fast mit einem Auto kollidierte, das mit Schwung aus dieser Nebenstraße auf die Kreuzung rauschte. Hätte mich fast gerammt. Sah aber toll aus, es handelte sich um ein tief geschnittenes, lang gezogenes Cabrio in der Tönung »Pistazie«. Am Steuer saß ein Gunter-Sachs-Verschnitt (der schnittige Gunter, auch schon tot, kennt ihn noch einer?). Der Typ hatte jedenfalls zu langes, zu fettiges Haar und trug dazu ein zu weit aufgeknöpftes Hemd, er brüllte: »Du dumme alte Fotze, du dürftest doch gar nicht mehr fahren, wieso hast du deinen Führerschein nicht längst abgegeben?«

Ein Hass-Ejakulativ! Premiere! Mein erstes Age-Bashing. Es stellten sich folgende Fragen: Wir kannten uns gar nicht, wieso also duzte mich der Kerl? Woher so viel Häme gegenüber einer Lady, deren Baujahr dem seiner Karre ähnlich war – ich war so vintage wie sein Cabrio, für das er offensichtlich tief in die Tasche gegriffen hatte. Und dumm? Für Sie immer noch Dr. phil., Sie Arsch. Als er Anstalten machte, sein Auto zu verlassen, winkte ich ein »Heute nicht, Süßer« und gab Gas.

Offene Worte. Sind beim Thema Aging ja selten. Mein Coach sagt in aller therapeutischen Vorsicht, ich sehe »altersangemessen prima aus«. Das sagt auch mein Orthopäde, wenn wir über mein knirschendes Knie sprechen. Wenn ich meinen Friseur auf meine silbrigen Strähnen hinweise und frage, ob es Zeit für eine Tönung sei, sagt Steve, ein cool gestylter Schwarzer: »Auf gar keinen Fall!« So was will man hören. Beim Friseur jedenfalls. Ich liebe es, mit Steve über Girlies abzulästern, denen zu Hairstyling nichts Besseres einfällt als ein kleiner blonder Dutt. Ja, wie Oma ist das denn? Zack, schneidet er meinen Pony ab, ein Dreißig-Jahre-Look, sehr hübsch, noch mal diese junge frische Zahl. Aber natürlich lasse ich mich nicht täuschen. Mein Sohn, der schon seit längerem zwei Kopf größer ist als ich und natürlich auch eine Freundin hat, die einen blonden Dutt trägt, sagte schon, als die Größenverhältnisse noch umgekehrt waren: »Mama, wieso hast du so dicke Adern an den Händen?« Ja, verdammt, wieso? Würde ich auch gerne wissen.

Es ist nicht, dass ich mir keine Mühe gebe. Ich habe eine App mit einem roten Herzchen auf weißem Untergrund, die mir meldet, wie viele Schritte ich hinter mich gebracht habe, und auch noch den Wochendurchschnitt und die monatliche Schritthöchstzahl anzeigt. In Zusammenarbeit mit meinem Hund halte ich mich auf Trab. Wir schaffen die von medizinischer Seite dringlich empfohlenen 10 000 Schritte mit links und kommen gelegentlich auf 10 bis 12 Kilometer am Tag. Ich trinke in Maßen, Rotwein, schon als vorbeugende Maßnahme gegen erste Verkalkungen der Halsarterie.

Ich finde es schön, dass es so angenehme Dinge wie Rotwein gegen Altern gibt, und habe mir vorgenommen, von meinem Hauswein Palazzo Antinori aus auszuschwärmen und so einiges durchzutesten. Auch Gin soll gut sein gegen das Altern, ich folge der Queen auf Twitter, fast jeden Tag gegen 17 Uhr heißt es: Gin o'clock! Die Königin von England ist auf diese Weise 89 Jahre alt geworden, ihre Queen Mom war auch eine Gin-Expertin und brachte es auf 102 Jahre, gerne würde ich im Buckingham Palace nachfragen, ob man aus hofprotokollarischen Erwägungen stets bei Beefeater geblieben ist oder auch mal Old-Raj-Gin probiert hat, zartes Safran-Aroma und im Ausklang Koriander, Zitrone und Orange sowie gemahlene Mandel, eine geschmackvolle weiche Erinnerung an das alte Empire. Womöglich aber politisch nicht korrekt?

Als mir die erste Krampfader drohte, oberhalb des linken Knies, übrigens lange bevor Söhne ein Thema waren, habe ich jeden Morgen stramme Fitnessübungen hingelegt, selbst in diesem heißen Sommer auf den Kykladen stand ich morgens am Fenster mit Blick auf die schroff gezackte weiße Felsenküste, die seit Odysseus' Zeiten in der Sonne liegt und offensichtlich weder nachgibt noch irgendwie schwächelt oder hässlich nachpigmentiert, und schwenkte mein Bein, vor und zurück und vor und zurück, vor, zurück, vor, zurück. Das half, bis ich vor einigen Jahren dann eben doch beim Doktor um ein Venenstripping bat. Man will sich ja am Strand noch zeigen und nicht unter einer Burka Zuflucht suchen.

Alter kann sehr hintertückisch sein. Kommt in Schüben, sagte meine Mutter. Schlägt zu, wenn niemand Böses ahnt. Ich habe Freundinnen, die vom ersten Schub erwischt wurden, als sie dreißig waren, und sich seitdem die Haare färben. Ich kenne junge Männer, die noch vor dem ersten Kind die letzten Haare verlieren. Mein Hund, Farbe Zobel (schwarzbraune Decke über fedrig goldblondem Beinbehang), hatte schon mit einem Jahr die erste weiße Strähne, dort, wo sich im Nacken die Locken so niedlich professoral wellen. Er wird jetzt auch um die Schnauze herum etwas silbrig. Meine Kollegin Uschi sagt, das mache nichts, Jugend sei bei diesem Hund Charakter und würde bestimmt nie vergehen. Das ist natürlich unser aller Hoffnung! Aber sie trügt. Man kann die Leute verwirren, aber irgendwann ist der Punkt erreicht, wo die Karten auf dem Tisch liegen. Neulich, am International Newark Airport, New Jersey, beugte sich eine dralle Schwarze, so eine mit einem festen runden Arsch, mir entgegen und sagte: »*Honey, don't misunderstand me. You do look good!*« – Tatsache sei aber, wenn ich mich für das Seniorenticket für den Manhattan Transfer entscheiden könnte, hätte ich schon 2,50 Dollar gespart, bevor ich Manhattan auch nur erreicht hätte. Dröhnendes Lachen, als wären wir bei einer Gospel-Vorführung. Was bleibt einem übrig, als betont fröhlich einzustimmen?

Vor einigen Monaten, es war schon wieder Geburtstag, ich versuchte, ihn wie immer stilvoll über die Bühne zu bringen, Crémant in der Rosé-Variante und ähnlicher Schnickschnack, erzählte ich dem Kind stolz, eine Kollegin hätte gesagt, die 63 sehe man mir wirklich gar nicht an. »Kein Wunder, Mama«, sagte das Kind trocken, »du bist ja auch erst 62 geworden.« Ja, so reiht sich plötzlich eine Niederlage an die nächste.

Es altern natürlich nicht nur Frauen. Es ist ein offenes Geheimnis, dass die Angst vor dem Altern gerade Männern im Nacken sitzt, zu deren Genderausstattung es ja immer noch ein wenig gehört, keine Angst zu haben. »Ein betagter Mann ist ein klägliches Etwas, / ein zerfetzter Mantel auf einem Stock, es sei denn, / die Seele klatsche in die Hände und singe und singe lauter, jedem Fetzen in ihrem sterblichen Gewand zum Trotz.« William Butler Yeats, der größte aller irischen Dichter! Yeats ist im Geiste stets ein waghalsiger Revolutionär geblieben, aber beim Thema Alter war er im Sound wie in diesem Gedicht »Segeln nach Byzanz« doch etwas wehleidig.

Der erste Satz dieses berühmten Gedichts lautet: »Das ist kein Land für alte Männer«, er wurde zum Inbegriff dieses Gefühls der Entfremdung, das sich nicht nur in einem älteren Mann verhakeln kann: »Die Jungen / einander in den Armen, Vögel in den Bäumen / – jene sterbenden Geschlechter – bei ihrem Lied / die Lachsfälle, die makrelenreichen Meere, / Fisch, Fleisch oder Vögel preisen den ganzen Sommer …« Das hat den Sound von: Alle balgen sich inmitten eines glorreichen Sommers, der das Leben ist, aber man selbst ist aus dieser glorreichen Zeit herausgefallen.

Ja, man spürt gelegentlich eine Erstarrung, und sei es nur in den Knien. Man wählt den flachen Schuh statt der roten High Heels aus Straußenleder. Ich habe mittlerweile eine sehr hübsche Sammlung von flachen Schuhen. Gerade habe ich ein kleines Vermögen für einen in der Schweiz genähten Schuh in Taupe hingelegt, eigentlich nur, weil mich das Label an die Bergmassive erinnert, die trotz extremer Fältelung unerschütterlich den Zeitläuften trotzen, seit Millionen von Jahren. Aber da ist so eine Neigung, es sich abends zu Hause bequem zu machen. Plötzlich ertappt man sich, wie man nächtens auf medizinischen Online-Portalen rumhängt und sich beim Thema verklumpende Faszien festgelesen hat, von dort flüchtet man sich wieder in die erste *Mad Men*-Staffel. Wie süß Betty & Co. aussehen, in diesen tollen Vintage-Klamotten.

Vintage wird jetzt so eine Haltung dem Leben gegenüber, die wie bei Yeats ein wenig sentimental ist und sich zugleich aber den schönen Dingen des Lebens entschieden zuneigt. Man guckt *Mad Men* und beschließt, nach der Flasche Old-Raj-Gin doch mal The Botanist zu probieren. Oder das süße Monkey-Label? Das wird zu viel? Da ist nun eine Dringlichkeit von wann, wenn nicht jetzt! Etwas Letztes bricht an, und wenn es auch nur die letzte Wanderung über die St.-Oswald-Scharte wäre, E 5, letzte Strecke vor Bozen. Es ist da jetzt etwas, was man nicht wirklich zu Ende denken mag. Man lebt ja noch. Man möchte das ganz langsam ausleben, das, was jetzt ist, so wie man während des Lesens eines tollen Buches sacht auf die Bremse geht, damit es nicht so schnell aus ist.

WENN DIE SCHWALBEN JAGEN

Immer war ich die Jüngste. In einem Kinderrudel von Älteren, der Schwester, der Kusine, dem Vetter, immer die Kleinste, unaufholbar war der Abstand zu den Großen, es war, als würde es nie etwas werden mit dem Älterwerden, als würde und müsste ich immer und ewig die Kleine sein. So spielten wir in der Straße unseres Dorfes, die noch nicht von Autos, sondern vor allem von Kindern genutzt wurde, und natürlich von den Kühen, die morgens und abends steifbeinig an unserem Haus vorbeischuffelten, ab und zu hob eine den Schwanz und platschte schwarze Fladen entlang der Zäune, die wir Kinder dann wegfegen mussten, samstags, wenn die Woche zu Ende war, dann wurde die Scheiße der Woche entfernt.

Aber nicht das Ende der Woche, sondern das Ende jedes Tages ist mir nachdrücklich in Erinnerung, es sind diese merkwürdig wie stillstehenden Minuten, dieses Intervall zwischen den Turbulenzen des Tages und dem Dunkel des Abends, der Moment, bevor man uns Kinder aus unserem Kinderdasein ins Haus rufen würde. Aus den Ställen entlang dieser Straße hörte man um diese Tageszeit das Rumoren und Mampfen der fressenden Kühe, es war, als würde einer das Klonken der Melkeimer hochpegeln, aus den offenen Fenstern – in der Erinnerung sind es immer Sommertage, an denen wir spielten – kam das scharfe Geschirrgeklapper aus den Küchen, als würden wütend Töpfe herumgestoßen. Und wir auf der Straße gaben noch einmal Gas mit unseren Spielen, dem Hüpfen, dem Rennen, dem Rufen: Fang mich doch, fang mich doch, du Eierloch! Es war ein Sein in einem sich endlos dehnenden Moment. Dann fegten die Schwalben über uns hinweg und stürzten nach unten und jagten wie Starfighter durch die Gassen und wieder hoch, es war dieses rasende Stürzen der Schwalben, das mich abends immer mit diesem bangen Gefühl erfüllte, einer Ahnung davon, dass irgendwas drängte, bald zu Ende sein würde. Dieser Tag. Alles.

Man wird dann ja so eilig im Leben, dass sich immer seltener Gelegenheiten finden, diese endlosen Abende zu erleben, und auch über die Bangigkeit segelt man hinweg, vielleicht ist da noch gelegentlich etwas, etwa wenn man an einem Wasser ist und der Himmel Farben annimmt, die eigentlich nicht vorgesehen sind für Himmel, dieses metallische Pink, und wenn dann die Laternen am Ufer angehen und hell gegen das dunkle Pink stehen – ich kann mich erinnern, dass ich einmal an der Mühlendamm-Schleuse in Berlin des Abends lange stand und auf das dunkle Wasser sah, in dem vor einiger Zeit die russische Dichterin Anna Altschuk tot aufgefunden worden war, die feinvibrierende Anna, der mit 53 Jahren die Lust zu leben abhandengekommen war, und unter mir war das Wasser und hinten am entfernten Ufer konnte man die vielen kleinen bunten Lampen eines Zirkuszelts sehen, als hätte Max Beckmann sie eigens für Anna Altschuk hingetupft auf diese große Leinwand, und für einige Momente war es noch Tag, aber dann auch schon Nacht.

In einem Nachruf auf Gore Vidal, den großen amerikanischen Autor, wird erwähnt, welch ein Schock es für ihn war, als sein Lebensgefährte, mit dem er Jahrzehnte zusammen war, starb. Howard Austen habe von seinem Totenbett zu ihm, seinem geliebten Gore, aufgeschaut und gesagt: »Ging alles ganz schön schnell, oder?«, und Gore Vidal habe gesagt: »Ja, mein Lieber.« Der Satz, als ich ihn las, erfüllte mich mit diesem Schwalbengefühl, dem Dräuen eines Umschlags nach einem ganz schnellen Flug. Den ganzen Tag lang ist man gerannt, wenn man zurückblickt, sieht man auf Jahre, durch die man ja regelrecht gestürmt ist, und dann, plötzlich, in diesem langen gedehnten Augenblick, begreift man: Etwas hat sich gedreht. Die amerikanische Autorin Joan Didion hat diesem merkwürdigen Moment, der dem ganzen Leben eine neue Wendung geben kann, ein ganzes Buch gewidmet, *Blaue Stunden* hat sie es genannt, sie bezieht sich auf eine ausgedehnte Zeit von tiefem Blau, wie es abends nur in Manhattan sichtbar würde und einen Wetterumschlag ankündigt. Das stimmt natürlich nicht, obwohl man geneigt ist, Manhattan in jeder Hinsicht für das Maß aller Dinge zu halten. »Das Leben ändert sich schnell. Das Leben ändert sich in einem Augenblick«, schrieb Joan Didion als erste Sätze, als sie ihr Buch über den Tod ihres Mannes John Gregory Dunne begann, der an einem Abend in seinem Sessel tot zurücksank, während Didion ihm gerade einen Whiskey mischte. Sie kam mit dem frischen Whiskey in der Hand zu ihm, und er war schon nicht mehr da.

Nun, auch ganz im Norden Deutschlands sind etwa diese Momente, in denen der Tag noch einmal Luft holt, von einem geradezu türkisblauen, wie in Hinterglasmalerei leuchtenden Himmel unterlegt, und wie in meiner Kindheit im Rheinland stürzen auch in Dithmarschen, wo man immer schon das Meer spürt, die Vögel aus diesem Blau hinunter und jagen über den Garten. Der Tau ist schon überall, und man sieht nicht, was sie jagen, vermutlich Mücken, aber da man es nicht sieht, scheint es sich um eine Geste zu handeln, absichtslos übermütig, voller Eleganz. So sollte vielleicht das Alter sein. Absichtslos. Und übermütig.

NASE
AN NASE

Eigentlich ist es noch nicht so schlimm. Manchmal nur, wenn ich lange gesessen habe und dann aufstehe, scheint es so, als hätte jemand mich mit Gummiband umwickelt. Nichts Schlimmes, fast nur ein kleiner Scherz, ein paar Schritte, und ich stehe wieder wie eine Eins. Houdini ahoi! Alles prima.

Manchmal, wenn ich mir die Socken anziehe, fühle ich mich wie auf dem einen Storchenbein, ich wackel so ein bisschen, tue aber natürlich so, als wäre nix. Ich sehe dann manchmal den Blick des Hundes besorgt auf mir liegen. Er kannte mich ja noch nicht, wie ich früher war, als ich noch den Flieger auf Rollschuhen täglich übte und ihn sehr formvollendet hinlegte (wenn ich mich auch, zugegebenermaßen, gelegentlich selber hinlegte!) – die Arme zu beiden Seiten ausgebreitet, das Bein hinten wirklich ohne Schummeln ganz und gar hoch, bis es vom Scheitel über den Rücken bis zur Ferse eine feine gerade Linie ergab, das Standbein auf den holprigen Rollen fast krampfend, so rollerte ich von unserem Haus aus den kleinen Hügel runter, der mich natürlich beschleunigte, so segelte ich dahin, von unserem Haus aus, das auf der Direttissima zwischen Schule und Friedhof lag, weiter, aber doch endlich langsamer werdend, so weit der Schwung eben reichte.

Wenn ich heute Wein trinke und gleichzeitig rauche, habe ich am nächsten Tag einen Kater. Und gelegentlich habe ich auch am nächsten Morgen einen Kater, wenn ich gar nichts getrunken oder nur geraucht habe. Darauf kann man sich natürlich einstellen. Man trinkt Schorle oder Champagner, etwas ohne viel Alkohol. Oder man nippt lustvoll an seinem Martini, schon das Glas lohnt sich meiner Meinung nach. Die Manhattan-Variante, zwei Schuss Bourbon und einen roten Wermut, hat schon einmal dazu geführt, dass ich mich entschuldigen musste, wir saßen in dieser wundervollen Bar in Downtown Manhattan und schwatzten, Barbara hatte ein wenig mit dem Barkeeper gefachsimpelt, ob wirklich Wermut oder doch ein Schuss Wodka (»Machen Sie es nicht zu medizinisch für meine Freundin, sie ist aus Europa«), wir nahmen dieses durch und jenes, dann wedelten die Mädels mir ein Taxi herbei – und ich stand da und konnte mich einfach nicht entscheiden, welche der beiden Türen ich öffnen sollte. Ich musste mich entschuldigen. Es war nicht ganz klar, ob ich mich entschuldigen sollte wegen Trunkenheit oder wegen Trunkenheit nach einem Manhattan, nicht mal das konnte ich entscheiden. Superpeinlich. Ich meine aber, eine kleine Strafe einzustecken ist besser als gar nicht sündigen, oder wäre das jetzt ein typischer Ex-Katholikin-Standpunkt?

Gelegentlich finde ich mich im Keller wieder und frage mich, was ich da eigentlich wollte, und erst wenn ich wieder oben bin, fällt mir ein, dass ich das Entwurmungsmittel für den Hund suchen wollte. Ich hole mir Nasentropfen in der Apotheke, und die Lady, die meine

Tochter sein könnte, hält mir einen Vortrag in dieser Mut-
ti-mit-Megaphon-Stimme. Dass ich bitte zu dem Schnup-
fenmittel »sehr, sehr viel« trinken müsse. Ja, Kleines. Sehe
ich aus, als ob ich schwerhörig wäre? Oder schon dement?

Natürlich sehe ich nicht mehr so gold aus. Wenn ich
den Bauch nicht einziehe, könnte ich ein Bäuchlein haben.
Neulich kam *Shame* im ZDF, und ich habe bewundert, wie
alle die jungen Damen, die sich Fassbender vorknöpft, in
Situationen, in denen niemand mehr an Bauchreinziehen
denkt, perfekt und schlank sind, auch beim Sex hinter der
Glasfassade des New Yorker Highline-Hotels. Sex an öf-
fentlichen Plätzen ist schon lange tabu. Und wenn ich kein
Yoga mache, verschwindet meine Taille. Wenn ich die mor-
gendlichen Drehungsübungen auslasse, werde ich beim
Rückwärtseinparken schlampig, und die Kinder rufen mich
zur Ordnung, weil ich nicht über die Schulter zurückge-
guckt habe. Auch das ist neu, dass die Kinder mich ständig
auf etwas hinweisen oder zur Ordnung rufen. Sie kriegen
langsam Oberwasser. Sie merken, wie sich die Kräftever-
hältnisse verschieben. Wie dringend ich darauf warte, dass
sie den neuen Häcksler zusammenbauen, auch wenn ich
das zu überspielen versuche, im Stil von: »Muss sich ja ge-
lohnt haben, dass ich euch Hunderte von Überraschungs-
eiern spendiert habe!« Müdes Lächeln. Auf der anderen
Seite.

Manchmal schlafe ich tatsächlich vor dem Fernseher
ein. Dafür schlafe ich aber immer öfter nachts nicht oder
schlafe nachts nicht durch und wache um vier auf. Manchmal wache ich morgens auf und bin müder als abends, als
ich ins Bett gegangen bin. Wenn ich in den Spiegel gucke,

sehe ich auch so aus, erschöpft, dann denke ich, dass Altwerden eben mit Ermüdung zu tun hat. Ich bleibe dann einfach noch ein bisschen liegen, bis nebenan das Getöse verebbt, dieses Kinder-in-die-Schule-Scheuchen, das Hast-du-auch-den-Turnbeutel. Ich verstehe, warum Diana Vreeland, die Seniora der Fashionwelt, immer betonte, ab einem gewissen Alter wäre es einer Lady anzuraten, das Haus nicht vor der Lunchzeit zu verlassen. Dahin wird es kommen, die Wartungszeiten werden länger. Doch wenn man dann in den Spiegel guckt – aber hallo! Bisschen Osmanthus & Fig hinters Ohr, schon schnuppere ich an mir und denke an – was? Egal.

Der Hund altert ja schneller als ich. Er zieht sozusagen an mir vorbei ins Alter. Nun, manchmal ist es natürlich auch andersherum. Sagen wir, es ist so ein interessantes Kopf-an-Kopf-Rennen. Als der Hund noch klein war, vor fünf Jahren also, rasten wir umeinander und jagten uns gegenseitig durchs Haus, er hatte mich quasi wieder zum Welpen gemacht. Einmal rutschten wir beide, als wir uns so jagten, in einer Kurve aus und schlitterten über die Fliesen. Aber nur ich hatte ein dickes Knie. Danach konnte er mir zeigen, was eine Harke ist, er gewöhnte sich an, sich beim ersten Hauch von Frühling, sobald das Eis auf den kleinen Seen im Park geschmolzen ist, ins Wasser zu stürzen, und eröffnete so vor den bewundernden Augen der anderen Hunde die Badesaison. Flotter Kerl! Als echter Engländer friert er natürlich nicht. Einmal schütteln und weiter, so wurde schon das Empire erobert! Dann versuchte der Hund diesen Trick einmal am Nord-Ostsee-Kanal, wo das Ufer in Kaiser Wilhelms teutonischer Art

mit scharfkantigen Felsbrocken befestigt ist, auf deren glit-
schiger Oberfläche er mit einem Aufschrei abrutschte.

Die Ärzte beäugten sein rechtes Bein. Er führte es
nach dem Unfall ein wenig nach außen. Die Ärzte tippten
auf Zerrung. Nach zwei Wochen tippten sie auf Verstau-
chung einer Zehe. Nach drei Wochen auf einen Bruch der
Zehe, später auf lockere Kniescheibe, dann auf zu eng ste-
hende Wirbel, später auf verklemmte Nerven, noch später
auf verkrampfte Muskeln. Es war Zeit für Traumeel, ein
homöopathisches Mittelchen, winzigste Pillchen in Weiß,
die übrigens bei Hund und Hundehalter zugleich eingesetzt
werden können. Bestandteile: Achillea millefolium Trit.
D3, Atropa belladonna Trit. D4, Aconitum napellus D3
usw. Das liest sich wie die Bestelltabelle meiner Lieblings-
gärtnerei, aber es handelt sich um ein homöopathisches
Arzneimittel »ohne Angabe einer therapeutischen Indika-
tion«, klar ist anscheinend nur, wofür es nicht gut ist, für
Leukämie, Tuberkulose, Aids, aber die Probleme haben
wir glücklicherweise nicht. Nun, im Resultat, sah ich dem
Hund dabei zu, wie er so ab und zu hinkte, und fand, dass
er auch ein wenig gealtert aussah, auch wenn wir nach wie
vor zum Joggen gingen, dreimal die Woche.

Eines Tages, nach dem Joggen, schmerzte mein Knie,
und nun hatte auch ich Mühe, das Bein gerade zu führen.
Die Ärzte tippten auf Meniskusriss, sie sagten, das sei eine Spätfolge unseres gemeinsamen Zubodengehens, also
des Hundes und meines während der kleinen Rauferei.
Sie rieten, sofort zu operieren beziehungsweise alternativ
auf jeden Fall mit der OP zu warten. Es werde ja viel zu
viel und überflüssigerweise operiert. Dann riet man, ich

solle das Abwarten sofort abbrechen, um Spätfolgen zu vermeiden. Ich wurde operiert, und es stellte sich heraus, es war schon zu lange gewartet worden, man versprach mir aber, dass in zwei Wochen jetzt alles vorbei und gut sei, nur mit dem Joggen sollte ich warten. Nach zwei Wochen wurde ich belehrt, dass es schon mal vier Wochen dauern könne. Nach vier Wochen sagte man pampig, zwei Monate müsse ich schon rechnen. Nach zwei Monaten hatte sich das Wohlsein auf ein Vierteljahr verschoben. Nach einem halben Jahr hieß es, so etwas könne schon mal ein Jahr dauern, Frau Mayer! Oder es würde eben nicht mehr gut. Kommt vor. Geduld und Traumeel!

Nun liegen der Hund und ich also wieder Nase an Nase. Manchmal hinkt er, manchmal ich. Er kann noch immer tüchtig Gas geben, sodass die Ohren waagerecht in der Luft liegen wie ausgestellte Außensegel, er zieht dann an mir vorbei und wirft mir aus den Augenwinkeln einen schnellen triumphierenden Blick zu – was genau er bedeutet, wer weiß, mir scheint, der Blick sagt: Na, da guckst du. Nur ich weiß, dass so was nicht ewig dauert, dass ich womöglich irgendwann auf ihn zurückschauen werde, weil er nicht mehr nachkommt. Mir fallen jetzt schon die Frauchen und Herrchen auf, die auf den Brezelwegen des Parks vorwärtständeln und am Handy hängen und schon mal wichtige Gespräche erledigen, während ihre Vintage-Töle sich hinterherschleppt. So wird es vielleicht mal werden. Oder nicht. Keine Ahnung, ob ich dann so viel Geduld aufbringen werde wie die Frauchen, die ich jetzt beobachte, oder ob es mich vielleicht vor dem Hund erwischt. Wie die alte Dame, die sich Tag für Tag durchs Viertel quält, ihre Beine so schräg, als wären sie falsch eingehängt, so wird sie von den Leinen ihrer drei keifenden Border Terrier weitergezerrt, alle zusammen sehen aus wie eine hypermoderne, sehr schräge Inszenierung von *Ben Hur.*

Nun, wir sind alle auf dem Weg zum Ende, wie Sibylle Berg schreibt, die ja die Queen aller Leute in Schräglage ist – die alten Leute hielten sich so komisch und schlichen so langsam vorwärts, weil sie Angst hätten, nach vorne ins Grab zu kippen. Wenn es nur das wäre. Man sagt ja oft, dass die Menschen im Alter kindisch werden. Tatsache ist, mir fällt immer häufiger auf, dass die Menschen mit mir wie mit einem Kind reden, im Stile von: »Sie dürfen jetzt im Wartezimmer Platz nehmen.« – »Sie dürfen jetzt ins Zimmer 8.« – »Sie dürfen sich jetzt frei machen.« Dürfen, dürfen, dürfen. Was soll man dazu sagen? Darf man bei solchen Gelegenheiten noch mal das Wesen des herrschaftsfreien Dialogs erklären, Habermas fürs Vorzimmer? Das hätte natürlich den Sound von »Oma schwadroniert vom Ersten Weltkrieg«. Oder war es der Zweite? Es waren jedenfalls verlorene Schlachten. Und wer weiß, wie viel Wartezimmer noch vor einem liegt.

Der niederländische Arzt Rudi Westendorp hat für diese ungewisse und gelegentlich lästige Lebensphase den hübschen Terminus vom »ausgefransten Saum des Lebens« gewählt. Westendorp ist Gründungsdirektor der »Leidener Akademie für Vitalität und Altern«, er führt in seinem klugen Buch aus, dieser Saum habe die zeitliche Dimension von etwa zehn Jahren (für Männer, sorry, nur acht). Es sei grundsätzlich eine schöne Zeit, weil noch nicht so furchtbar viel schieflaufe, und wenn, dann nicht so ernsthaft. Statistisch sehe das so aus: Im Alter von 75 Jahren können sich immerhin zwei Drittel der Senioren im Saum des Lebens flott herumtummeln und allen Unsinn anstellen – aber ein Drittel ist eben auch schon tot. Für die anderen gibt es noch ein paar Jahre ohne großen medizinischen Ärger. Man kann sie natürlich nicht fest buchen. Premium-Mitgliedschaften werden verlost. Irgendwann ist auch das vorbei. Mal rein statistisch waren es 868 000 Leute, die in Deutschland im Jahre 2014 aus dem Saum des Lebens, wie soll man sagen, herauspurzelten. Weg waren. Es gehe nicht darum, soll Woody Allen mal gesagt haben, dass er sanft oder schnell sterben wolle, er wolle gar nicht sterben. Aber das gilt natürlich nur für Zeiten, in denen das Witzemachen noch hilft.

Nun, auch mein kleines Vintage-Prada-Kostüm hat tatsächlich einen netten fransigen Saum um das Dekolleté herum, es ist so ein Tweed in altersgerechter silbrig-dunkelgrauer Tönung, sehr hübsch. Ich trage es jetzt, sooft ich kann. *Overdressed* ist ja kein Begriff mehr, der einen schrecken sollte. »Wo sind meine Perlen?«, fragte meine Mutter, als sie im Altersheim saß, hinter Gittern in ihrem Bett, und dann legten wir ihre Perlen an und suchten den passenden Ring. Wir hievten sie an ein Tischchen, ihre Freundin kam, und es gab Sahnetorte und Sahne in den Kaffee, weil Kalorien wie eine veraltete Währung erschienen, und es hatte alles sehr viel Stil.

BEGEGNUNGEN

VOM
ÜBERMUT

Wenn ich Margarete einige Tage nicht gesehen habe, werde ich unruhig. Ich gehe durch unsere kleine Straße mit dem Kopfsteinpflaster, zwischen Blumenläden, Boutiquen, Banken und Läden für Hörgeräte, was man so braucht in der Vintage-Zone, und meine Augen suchen. Da, beim Blumenladen? Nein? Die alte Dame vor der Apotheke? Auf keinen Fall, die ist rund und stratzt mächtig daher. Margarete ist weder rund noch stratzt sie daher, und sie war gestern nicht im Café, wo sie fast täglich ist, und sowieso jedes Wochenende, wo also ist Margarete, wo war sie diese letzten Wochen? Dann klappt die Tür beim Friseur auf, und es erscheint ein herrlicher Hut, Tweed in kastanienfarbener Schattierung, dazu breitrandig abgesetzt in weißem Piqué. Der Hut zittert, er bewegt sich mit diesem typischen Zittern durch die Passanten, was daher kommt, dass Margarete mit Trippelschritten geht, ta ta ta ta, gehen ist ja fast zu viel gesagt, sie schiebt die Füße ganz schnell vor, tip tip tip. Weiße Strümpfe. Sie trägt immer makellose weiße Strümpfe.

Zu ihren weißen Strümpfen und den hochhackigen schwarzen Schuhen aus mattem Velours trägt Margarete heute einen Mantel aus seidigem Material in der Farbe Creme, er ist hinten weit geschnitten und fällt deshalb von den Schultern aus, wie es die Schalen einiger Muscheln tun, in vielen kleinen querlaufenden Wellen über ihren Rücken. Dazu trägt Margarete wie immer ihr offenes weißes langes Haar. Sie tippelt die Straße herunter, einen schrecklichen Moment lang scheint es, als wäre sie verschluckt. Einfach weg. Wie vom Boden verschwunden. Das kann natürlich nicht sein. Man kann sich doch nicht getäuscht haben, nicht in Margarete. Und dann, simsalabim, ist sie wieder da. Sie erscheint hinter dem Stamm eines Baumes, und man begreift, sie war verschwunden, weil sie mit ihren kleinen Tippelschritten so langsam ist, dass es wirkt, als hätte sie sich für ein paar Momente hinter diesem Baum versteckt. Obwohl sie eigentlich fleißig weitertippelt.

Man schließt zu ihr auf und sagt: »Hallo, Margarete!« Sie wendet sich einem wie immer strahlend zu und grüßt zurück, voller Herzlichkeit, wie immer sagt sie: »Wir kennen uns! Aber woher?«

Nun, die kleine Straße lässt nicht sehr viele Möglichkeiten zu, der Schmuckladen und »Müllers«, die Patisserie und die Kirche, Margarete ruft: »Ich weiß, es war beim Bäcker!« Da fangen wir immer wieder an. Beim Bäcker, der auch einige Stühle auf dem Bürgersteig hat, und da saß Margarete in ihrem Pepitamantel und dazu der sagenhafte Bleistiftrock und der Hut aus hellroséfarbenem Leinen mit der riesigen Schleife vorne. Ich sagte damals: »Unglaublich, so viel Mode sieht man hier ja selten! Entschuldigen Sie, dass ich Sie so anspreche, aber Sie sind ja ganz schön mutig! Ich meine, hier trägt man doch kaum etwas anderes als Barbour-Jacken. Und auch nur gesteppte.« Und Margarete sagte: »Mutig? Mode, meine Liebe, braucht mehr als Mut, Mode braucht Übermut!«

So wurden wir bekannt. Man trifft Margarete, immer aus Zufall, und es ist, als begegneten einem Passagen aus einem Lieblingsbuch. Margarete pflegt gern zu sagen, sie habe nur zwei Ticks, nämlich einen Hut-Tick und einen Schuh-Tick, dann sagt sie, der rosa Hut sei uralt und aus Bad Pyrmont, wo sie damals immer mit ihrem Mann zur Kur war. Und schon damals habe sie ja immer sehr hohe Schuhe getragen. Margarete sagt: »Heute Morgen rief eine Dame an, die ich über zwanzig Jahre nicht mehr gesprochen habe, wir haben uns in Bad Pyrmont kennengelernt, und die Dame sagte: Tragen Sie immer noch so wahnsinnig hohe Schuhe?« Margarete lacht sich weg. Nach zwanzig Jahren erinnert sich die Frau an ihre Schuhe. Na ja, sagt Margarete, sie waren natürlich nicht soo hoch, wie sie die jungen Dinger heute tragen!

Wir jammern ein bisschen über unsere Füße. Sie bewundert meine Birkenstocks, silber mit zwei kleinen Strapsen und dazu pinkfarbener Nagellack, »wie hübsch«, sagt Margarete, die auch gern Nagellack trägt, klassisch rot auf klassisch langen, zugespitzten Nägeln, das Rot ist meistens zu den Spitzen hin ein wenig ausgewischt, es sieht fast aus wie ein neuer Fashion-Tick, ein Verwischen ins Nude. Margarete klotzt auch beim Schmuck gerne, riesige fette Perlen zu riesigen fetten Perlen über dem Jäckchen, das nicht ganz zugeknöpft ist, weshalb man ein Stückchen Haut sieht, sehr kokett. Manchmal sind Margaretes Röcke ein bisschen schief, und die Haare fusseln gelegentlich wild herum, aber das Jäckchen passt in der Farbe zum Tweed des Huts, den ihr übrigens die Dame aus dem Hutgeschäft geschenkt habe, sagt Margarete: »Stellen Sie sich das mal vor, einfach geschenkt.« Wie reizend. Die Dame aus dem Hutgeschäft! Sie brauche, sagt Margarete, als wüsste ich es nicht längst, sie brauche ja einen Hut, weil ihr Haar – und an dieser Stelle fährt sie dann ihren langen Zeigefinger aus und umzirkelt mit einigem Abstand zum Hut eine Stelle am Hinterkopf, und sie sagt mit einem schiefen, listigen Lächeln – da hinten habe sie leider so eine Stelle, schon deshalb brauche sie immer einen Hut! Alles zusammen: ein Eindruck von Verwegenheit.

Wir erreichen das Café. Dort wartet schon Frau Hansen, mit der sich Margarete jedes Wochenende im Café verabredet, heute hat Margarete ein Geschenk für Frau Vogel dabei, die Dritte im Bunde, die aber heute nicht da ist, Frau Hansen wird ein Geschenk für Frau Vogel mitnehmen, die nicht da ist, weil sie heute 88 Jahre alt wird. Ich frage wie immer: »Aber wie alt sind Sie denn, Margarete?« Und sie hat nur auf diese Frage gewartet und kichert auf mit diesem Jauchzer und sagt, wie immer sagt sie: »Ich bin eine Frau ohne Alter und zwei Tage jünger.« Jubilieren! Tirilieren! Wiederaufnahme ihres ausgelassenen Lachens. Der Spruch ist ja auch einfach zu gut. Macht also wie viel? Margarete? 89 Jahre! Ich stöhne ein bisschen und sage, was ich bald werde, und sie sagt: »Ach, Kindchen!« Schon dafür lohnt es sich, mit Margarete ein paar Schritte zu gehen.

Manchmal sagt sie dann, indem sie innehält und einen an die Hand nimmt: »Und stellen Sie sich mal vor, mein Mann und alle meine Geschwister sind ja schon tot!« Sie sagt, sie sei jetzt ganz allein, und ich sage, wie schön es sei, dass sie Freundinnen habe. Wie immer kommt es zum

Schluss so: Margarete nimmt Himbeertorte, ich probiere Schokolade mit Orangensahne. Wie immer, wenn wir uns zum Abschied zuwinken, denke ich: You made my day!

KORDHOSEN?
NIEMALS!

Man kann Karl überall antreffen, in Genua an der Riviera oder in Turin, in Berlin sowieso, natürlich in London. Der freiberufliche Intellektuelle! Wir haben uns in Hamburg verabredet, im »Paris«, eine Alternative zu *in* Paris, wo Karl allerdings auch schon fast zu Hause ist. Die Chancen stehen gut, dass Karl mit dem Fahrrad kommt. Es wäre dann ein Brompton-Klappfahrrad, von dem meine Reihenhausnachbarin neulich sagte, das Brompton sei ja, anders als ihr auf technische Perfektion zielendes, allerdings in Babyblau gehaltenes Klapprad, ein eher auf Äußerlichkeit angelegtes Rad. Zu komisch. Von »Äußerlichkeiten« mit Geringschätzung sprechen! So ein Fehler würde Karl nie unterlaufen. »Nur oberflächliche Menschen urteilen nicht nach Äußerlichkeiten« ist eines der eleganten Zitate von Oscar Wilde, die Karl wie seine eigenen Sätze über die Lippen fließen, was kein Wunder ist, er hat schließlich über Oscar Wilde promoviert.

Karl spricht von seinem Brompton, das in einem dunklen, fast glühenden Bordeauxrot gehalten ist, mit einer zärtlichen Bewunderung, wie es auch Oscar tun könnte. Darüber etwa, wie sich in einem Brompton Schönheit mit Praktikabilität ideal verbinden. Dieser perfekte Faltmechanismus, mit dem sich ein Brompton in null Komma nix klein zusammenfalten lässt. Die ganze Technik so smooth.

Das Design bis ins Letzte durchdacht, etwa mit der wohl-
kalkulierten Möglichkeit, schön zugeschnittene Transport-
taschen anzuklicken, je nach Platzbedarf in verschiedenen
Größen, und nicht zuletzt dieses satte dunkle Rot. »Ein
Brompton«, sagt Karl und beugt sich mit einem triumphierenden Lächeln vor, »ist natürlich eine Stilikone!« Der
Ursprung des Brompton liegt typischerweise in South Ken-
sington, London, dortselbst wurde es im Jahre 1975 von
einem Gentleman entworfen. Nicht nur das Brompton ist
ein Klassiker, sondern auch Karl, der allerdings aus dem
Jahr 1949 stammt, aber mit seinem Brompton einiges gemein hat, etwa das Vergnügen an eleganter Gestik, das
unangestrengte Understatement. Ein Unterschied liegt in
der Farbe, Karls weiß leuchtender Haarschopf macht den
66-Jährigen, da er hoch gewachsen ist, von weitem erkennbar.

Alles an Karl sitzt. Die schmal geschnittene, sich nach
unten verjüngende Hose in einem minimalen Schwarz-
Weiß – besser gesagt: Dunkel-Hell-Würfelmuster, wie eine
ironische Anspielung auf die Arbeitskleidung eines Kochs.
Ob man Label erwähnen dürfe, fragt Karl. Jedenfalls sei
dies eine Drykorn, auf deren Website mit Mode »for beau-
tiful people« geworben wird, gezeigt werden dort Leute,
die etwa so alt sind wie Karls Söhne, die ihrerseits erklärt
haben, dass sie ihren Vater, so wie er sein Brompton, als
Stilikone betrachten, sie sind jedenfalls dankbar für jeden
stilistischen Fingerzeig ihres Vaters. Zur klein gemusterten
Hose trägt Karl heute schwarze Merinowolle, eine wirk-
liche Überraschung. Ihm sei ja ein ganzes Leben lang Wolle eher unangenehm gewesen. Pullover überhaupt. Wirk-

ten ja immer ein wenig spießig. Aber bei diesem Exemplar sind die Nähte sichtbar nach außen genäht, was den Pullover qualifiziert für die feine Kategorie der für den Karl'schen Stil typischen auffälligen Unauffälligkeiten. Er weist mit zierlich aufgesetztem Finger auf das diskrete Perlmuster hin.

Die Boots? Qualitätsprodukt der französischen Schuhfirma Heschung, »Sprich: ESCHUNG!«, sagt Karl überraschend pädagogisch, eine Gründung aus dem Jahre 1934, er habe aus Begeisterung gleich zwei Paar erstanden, man wisse ja nie, wann einem noch mal Stiefel wie diese begegnen, so fein gearbeitet, so tief geschnitten. Übergeworfen hat Karl sich heute eine Jacke aus olivenfarbenem Tuch, die allerdings, anders als die üblichen Klamotten in Militärgrün, nichts Martialisches an sich hat und ein No-Name-Produkt ist, ein Fundstück vom Portobello Market in London, auf dem er schon vor über dreißig Jahren einkaufte, diese habe er allerdings am billigen Ende des Marktes erwischt, ein Satz, der aus dem Mund eines 66-jährigen Gentleman, der in jungen Jahren auch schon mal in einem Londoner Pub ausgeschenkt hat, nicht ohne Wehmut ist. Karl sagt: »Eigentlich hätte ich heute einen Regenmantel tragen wollen, heller Stoff und kurz geschnitten.« Lachend: »Von Ben Sherman und für Regen vermutlich nicht geeignet.« Er habe aber einen Termin zum Reifenwechseln gehabt und befürchtet, man könne ihn dort, in der Werkstatt, wo die rauen Kerle hausen, in diesem netten Mäntelchen für einen Gecken halten.

Wir kennen uns seit langem. Schon als wir studierten, fiel Karls Stil auf, wenn auch nicht immer nur positiv. Es waren Zeiten, in denen Männer Hemden aus floralem Design trugen, häufig eng geschnitten und tief aufgeknöpft, um so viel Brustwolle wie möglich freizulegen. Karl trug Röhrenjeans zu Chelsea Boots und eng geschnittene Jacketts zu schmalen T-Shirts. Wenn ich später *Miami Vice* guckte, kam es mir immer so vor, als hätten sich die Kostümdesigner der Serie bei Karl bedient. Er fiel auf unter all den Hippies. Karl war anders, übrigens noch mehr anders als andere Männer, die vielleicht auch, wie er, ein Nadelstreifenjackett besaßen, es aber natürlich nur in die Oper ausführten und keinesfalls zu Demos für inhaftierte Demonstranten (Soundtrack: »Lass die Leute frei!! Lass die Leute frei!!«). Wir reden also von politischem Stil. »Wenn wir über meinen Stil sprechen«, sagt Karl, »muss man vor allem bedenken, welchen Stil ich damals gerade nicht getragen habe. Jenen nämlich, den die Väter jener Jahre trugen, nachdem sie die Uniformen der Wehrmacht oder Waffen-SS abgelegt hatten.« Kastige Anzüge.

Stil als Protest also. Inspiriert woher? Aus der Musik! Röhrenjeans trugen Punk-Rocker wie Sid Vicious von den Sex Pistols oder The Clash, dazu Boots, die in Deutschland noch nicht Chelsea Boots hießen, man nannte sie Beatle Boots, erinnert sich Karl, der schon mit 18 Jahren Chelsea Boots trug. Karl ist der leidenschaftliche Elvis-Costello-Fan. Neulich, erzählt er mit einer kleinen Verlegenheit, sei er auf einem Costello-Konzert gewesen und geradezu ein wenig irritiert, wie viele außer ihm noch Costello verehren.

Sein Stil: eine Hommage an New Wave. Der habe den Rock wieder zu seinen Wurzeln zurückgebracht, »weg von der lästigen Virtuosität«, sagt Karl, noch immer leicht genervt, »die sich in endlosen Gitarrensoli gespreizt hat«. Stilistisch gesehen, jetzt mal für die Kenner, war es eine Rückkehr zu den Mods, die ein Phänomen der sechziger Jahre waren, in denen sie sich am Brighton Beach Schlachten mit den Teddy Boys lieferten. Stil als Provokation! Karl schockierte unsere liebliche Universitätsstadt mit weichbesohlten, in grünem Leopardenprint abgesetzten Halbschuhen, »Brothel Creepers«, sage ich in Erinnerung an Trash & Vaudeville im New Yorker East Village, wo sich schon Richard Hell und Patti Smith eindeckten und das heute die Pilgerstätte aller Leute ist, deren Herzen noch den alten Beat haben und die an den Füßen gern kultige Klassiker tragen. Karl beteuert, es seien aber DocMartens gewesen. Beide aber erinnern wir uns noch an das: »Mein Gott, Karl, wie willst du mit solchen Schuhen spazieren gehen?!«, mit dem ihn auf einer Party damals eine Frau im indischen Wallawalla-Gewand ankreischte und mit dem Finger auf Karls Füße zeigte. Obszöne Waffen. Karl, ganz cool: »Ich gehe nie spazieren!«

Das war er schon, der leichte Wilde-Sound, Ausdruck einer Lebenshaltung, die sich selbst ironisiert. Ein Witz, der nicht attackiert, sondern sich spöttisch, wenn auch nicht ohne Selbstbewusstsein, gegen sich selbst wendet. Geistreich sein, ohne das gleich als Werbemaßnahme für sich auszustellen. Die Kunst, den Gentleman zu geben, ohne dass es als affiger Public-School-Habitus rüberkommt. Das Selbstbewusstsein, das darin liegt.

Im intellektuellen Milieu, dem Karl zugehört, galt über viele Jahre die Gleichung, dass sich Gedankentiefe durch unambitioniertes Erscheinen ausdrückt. Bei ehrlicher Betrachtung der intellektuellen Landschaft sind noch Restbestände dieser Unsitte zu bemerken, auch wenn Theoriekritiker wie Friedrich Kittler in den achtziger Jahren dem mit wehenden weißen Seidenschals entgegenzutreten versuchten. Nun, Kittler ist tot, aber seine Kollegen demonstrieren noch immer gern mit Schwitzflecken unter den Achseln die Selbstvergessenheit eines Denkers, der tief im Bergwerk des Geistes schürft. Eleganz gilt als womöglich schwul, weshalb Schwulenmilieus die Eleganz bis zum Exzess kultivieren, was männliche Eleganz einmal mehr den Genderverdächtigungen ausliefert. Das alles interessiert einen wie Karl allerdings gar nicht. Fast gar nicht. Diese typische deutsche Abkehr von Stil, fragt er, fast sanft – sei das nicht auch »ein wenig arm«?

Allerdings überlegt auch Karl, wenn auch nur gelegentlich, ob er nun, mit über sechzig Lebensjahren, seinen Stil nicht doch der neuen Lage ein wenig anpassen solle – gespannte Pause. »Aber mir fällt nichts ein«, sagt er lachend. »Also Kordhosen kommen nicht in Frage!« Nein? Wo es die doch in so hübschen Farben gibt, in Sonnenblumengelb oder einem herbstlich leuchtenden Orange? »Niemals!«

Karl trug Ben Sherman, bevor in Deutschland der erste Ben-Sherman-Laden eröffnete. Jetzt, wo alle Welt Ben Sherman trägt, überlegt Karl, der zwanzig Jahre lang Ben Sherman trug, das Polohemd auszusortieren. Er konstatiert, fast ein wenig verwundert, dass sich in den letzten Jahren kleine Dinge in seiner Garderobe verändert haben. Er habe neulich sogar wieder zwei Oberhemden gekauft, in Italien. Im letzten Jahr sei er, der viele Jahre locke-re Strickjacken getragen habe, eine spielerisch ironische Variante von Kohl-Fashion, wieder zu den Jacketts zu-rückgekehrt, »das war eigentlich ganz schön, wie ich so an eine Tradition von mir anknüpfen konnte«. Kennt er je-manden, der in seinem Alter ist und der nicht, um sich dem Alter einzuschmeicheln, auf teuer, nicht auf konven-tionell, nicht auf Hipster setzt? Nö. Er kleide sich nicht, um aufzufallen. Er wolle damit niemandem etwas beweisen. Auch nicht, dass er ein Solitär sei, er kleide sich, wie er es tut, weil er sich als Solitär fühle. »Mein Stil«, sagt Karl, »geht nicht auf Provokation, sondern auf Ich-Sein.«

Was bedeutet es ihm also, dass er selber, anders als der Design-Klassiker Brompton, der ja geradezu kratzer-los durch die Jahre kommt, von diesen Jahren sanft, aber doch nachdrücklich gezeichnet wird? Nun, es ist ihm na-türlich nicht egal. Neulich ist sein Vater gestorben. Da sei jetzt so dieses Gefühl, »auf der obersten Sprosse zu sit-zen«. Er sagt, er sehe die Falten im Gesicht, wie der Kör-per mürbe werde. Ärgert es ihn? Nein. Er sagt, es mache ihn nicht ärgerlich, eher traurig. Wer wisse schon, ob es jetzt noch zwanzig Jahre seien oder nur zwei? Aber na-türlich kann Traurigkeit keine Entschuldigung für Trüb-sinn sein. Noch mal Oscar Wilde, der auf seinem Toten-bett in einer miesen Absteige in Frankreich mit einem Finger auf die Wand zeigte und sagte: »Es ist die Tapete! Einer von uns muss gehen!« Stilbewusst bis zum Ende – wann immer das wäre.

LEICHTE GEBRAUCHS-SPUREN MÖGLICH

Einmal war es ein Wochenende, und alle Geschäfte in Paris waren geschlossen, jedenfalls die schönen. Mist! Ein andermal war Mittagspause, und das kleine Geschäft in der Rue de Lavandières machte offensichtlich auch Mittagspause. Nein! Einmal war ich frühmorgens da: noch zu! Eine porzellanpuppenhafte Schönheit hielt grüßend ihre unendlich schmale Hand hoch, deren Nägel in Apricotgold lackiert waren und an deren Fingern mindestens drei, vier Ringe steckten, grün leuchtende Steine, Diamantgebirge, ein Miniaturpudding in Rosé, eine Schlange aus kobaltblauem Glitzer. Daneben Mond-Ohrringe, vom Umfang eines Kinderdiskus, Zwillingsgesichter, die weise, oder war es vielleicht sogar ein wenig spöttisch?, zu mir herüberlächelten. War es ein Traum? Gab es dieses Geschäft wirklich? War es jemals offen? Konnte man dort diesen wunderbaren Vintage-Schmuck tatsächlich kaufen?

Einmal stand ich des Nachts vor dem kleinen, altmodisch in weißem Holz gefassten Fenster und starrte durch die alten Glasscheiben auf die Auslage. Aus dem Hintergrund glühten in vorteilhafter Beleuchtung die makellosen alabasterfarbenen Damen von der Schönheit meiner ersten Puppe, die ich von meiner Mutter geerbt hatte. Vorne im Fenster eine Brosche, handtellergroß und aus smaragdgrünem Glas, üppig wie Diebesgut aus der Schatulle eines selbstverliebten Kardinals. Türme aus breiten Bacca-lit-Armreifen, eine lodernde Verführung in allen Orange- bis Rottönen, die denkbar sind. Eine Brosche aus pastelli-gen Glitzerhyazinthen, wie Queen Mom sie getragen hätte. Magnolienblüten aus weißem Emaille, wie sie Madeleine Albright bekannt gemacht hatte, als sie die erste und ele-gante Außenministerin der Vereinigten Staaten war, aus dem alten Böhmen kommend natürlich, eine Lady mit der Patina der K.-u.-K.-Ära. Eine Reihe von daumengroßen Miniaturköpfen kleiner Chinesen mit süßen Schlitzaugen, hups, darf man Schlitzaugen sagen?

»Sie suchen etwas Ornamentales, das schon einmal die Brüste einer Hollywood-Diva geschmückt hat, oder Grace Kelly, oder Farah Diba?«, fragte *Paris Match* – et voilà: »Dies ist Ihr Laden.« Ich hatte ihn ohne Hilfe von *Paris Match* auf meinen Streifzügen durch Paris entdeckt, herumirrend zwischen der Seine und meinem Lieblings-café im Marais, hatte plötzlich vor dem Laden von Jeanne gestanden. Jeanne wie? »Seulement Jeanne!«

Es gab also diesen Tag, an dem ich es geschafft hatte, eine Stunde zu erwischen, in der Jeanne ihren Laden geöff-net hatte, ich hineindurfte in das kleine Zimmer, das eigent-lich kaum mehr Menschen aufnehmen kann als Jeanne selber, die eine zarte Frau ist und 73 Jahre alt. Immer in Schwarz. Schwarz ist der perfekte Hintergrund für das Glühen und Schimmern und Leuchten um sie herum, die-se Reichtümer an üppigem Vintage-Schmuck, die in den Wandregalen mit den gedrechselten Säulen liegen, in und auf den kleinen Glasvitrinen, Berge, Stapel von Schmuck, wasserfallartig sich von den Regalen herunter ergießende

Colliers. Jeanne sitzt meist im Hintergrund, an einem der kleinen Glastische, beleuchtet von einer aparten Leuchte, reines Art déco. Jeanne ist selber very vintage, so wie ihr Schmuck, gelegentliche Gebrauchsspuren nicht ausgeschlossen, die ihrer Schönheit etwas zugeben, wie ein Zertifikat für Echtheit.

Alt werden, sagt Jeanne, beginne mit siebzig Jahren. Kein Grund für Drama, sie ist ja hier, oder? Bei ihr zeige sich das Alter mit weißen Spots im Blickfeld, eine kleine Gemeinheit von Retina-Veränderung. Jeanne ist keine, die jammert. Sie hat sich schon einmal neu erfunden, damals, als sie Lehrerin war und Literatur unterrichtete, zwanzig Jahre lang. Das Leben hatte begonnen, sich müde anzufühlen. Zeit für einen Neustart. Schmuck war schon immer ihre Leidenschaft, sonntags stand sie gern auf dem Flohmarkt und kaufte und verkaufte. Jetzt gab sie ihre Stelle an der Schule auf. Sie mietete einen Laden, zuerst in St. Germain und dann dieses Schmuckstück im Marais, in dieser charmanten kleinen Straße, die sich vom Quai de la Mégisserie zur Rue de Rivoli hochwindet. Wann das etwa war? Sie legt die Fingerspitzen an die Schläfen, sie schließt dramatisch die Augen, schüttelt den Kopf. Seit dreißig Jahren ist sie hier! Wie schnell sie verwehen, die Jahre. Wie viel sie unterwegs war! Sechsmal im Jahr reist sie nach Amerika, auf Jagd nach neuen Funden aus der alten Zeit, hin und zurück, und was findet sie nicht alles.

Hier, diese Vögel mit gespreiztem Gefieder, die Blüten mit arabesken Blütenblättern – »Boucher! C'est superbe!!«. Modeschmuck – als Alternative zu kostbaren Juwelen – mag eine Idee von Coco Chanel gewesen sein, die ihre

Kostümchen mit falschen Perlengirlanden schmückte, aber dann war diese Idee plötzlich überall. Eine Explosion von Ideen und Schmuck. Elsa Schiaparelli sortierte, inspiriert von ihrem Freund Salvador Dalí, Miniaturperlen in aufspringende Erbsenschoten und ließ Insekten über ihre kleinen Kostümkragen wandern. Miriam Haskell und Larry Vrba trugen die Idee nach Amerika und machten bunt schillernde Käfer populär, verkauften ihre lasziv sich räkelnden Libellen. Dann kam die Ära von Baccalit und Zellulid. Alles nahm eine neue Wendung. Der leichte formbare Stoff erlaubte neue Formen. Lea Stein zauberte aus Plastik ganze Rudel von Hunden und Katzen, man findet sie schlafend zusammengerollt auf den Flohmärkten in Florenz, begegnet Füchsen, die zum Sprung ansetzen, in den New Yorker Vintage-Börsen, und jetzt erobern sie natürlich das Internet, wo sie meistens mit dem Label »Sold!« versehen sind.

Schmuck wird ja nicht nur getragen, sondern auch gesammelt. Und der Markt brummt. Wer einmal etwas sammelt, sagt Jeanne, sammelt irgendwann auch noch dies und das – sie zeigt auf eine Galerie von Frauenköpfen, die sind der Renner: Behälter, in denen vor einem halben Jahrhundert Gentlemen ihren Geliebten Blumen anliefern ließen, Plastik-Ladys von der rundwangigen Schönheit einer Liz Taylor, affektiert die knallroten Lippen schürzend. Da hängt ein Collier, beschwert mit der Kirschernte einer ganzen Plantage. Bananen sind in jeder Form vertreten, mit einem »Hello Darling!« von Josephine Baker, die zweimal selbst vertreten ist, einmal als Keramik und einmal als Brosche, mit Banänchen um den Hals. Baker war ja so *in.* Und ist es wieder oder immer noch in dieser so Vintage-verzückten Zeit.

Wer also kauft heute Vintage? Jeanne, die ihr Vintage in Amerika zusammensammelt, sagt spöttisch: Amerikaner in Paris! Und dann die Australier, und die Schweizer. Viele Japaner. Ganz Vintage-versessen: junge Russinnen. Kennen sich aus bei Vintage. Wer kauft also was? Tiefer Seufzer. Also, Sammler kommen mit Fotos, sie wissen genau, was sie suchen. Sehr speziell. Äußerst schwierig. Die jungen Russinnen kommen mit Büchern, solchen, wie sie sich neben Jeannes Schreibtisch stapeln, Bücher im Vintage-Design über Vintage-Schmuck, Russinnen reisen um die Welt auf der Suche nach diesen Schätzen der Vergangenheit. Problematisch: Menschen unter vierzig. Müssen manchmal davon abgehalten werden, sich in etwas zu verlieben. Jeanne schüttelt den Kopf. Also Leute ohne Geschmack. Oder Geschichtsbewusstsein. In solchen Fällen springt sie schon mal auf und ruft: »Madame! *Non!* Sie sollten das nicht kaufen!«

Früher gab es Schnäppchen für 30, 40 Dollar, heute geben die Leute, junge erfolgreiche Frauen, auch schon mal 8000 Dollar aus für ein Collier, nur weil es mal auf dem Busen von Soundso über einen Red Carpet wogte. Oder 20 000 Dollar! Alles ist möglich, wenn auch nicht für jeden. Was trägt Jeanne? Sie sagt, sie habe das meiste ihres Schmucks weggegeben, die Ohrringe, die Ketten, die Broschen. Heute, im Alter, könne sie nichts mehr so nahe am Gesicht ertragen. Sie trage eigentlich nur noch Armreifen. Et voilà. Armreifen in Rot, in Schwarz, in Gelb, in Schwarz-Rot, Jeanne trägt fünf oder sechs Reifen gleichzeitig, am linken und am rechten Arm. Dramatische Geste. Sehr wirkungsvoll. Absolute vintage, das exzessive Tragen exzessiv vieler Armreifen ist natürlich von Paris bis nach New York ein Fashion Statement.

Ich meinerseits liebäugele mit einem Set von Ohrclips, violette Blütenblätter, eingebettet in dunkelblaue Steine. Schiaparelli. Schon der Sound! *Schiaparelli!* Die Geschichte! Elsa Schiaparelli, die sich als verlassene, alleinerziehende Mutter aus New York nach Paris durchgeschlagen hatte und mit ein bisschen Hilfe von Paul Poiret ein Star wurde, die kleine schalkhafte Signorina, für die Max Ernst die Schaufenster der Boutique am Place Vendome mit Flugtieren schmückte und Salvador Dalí ein Kleid für die Herzogin von Windsor entwarf, auch berüchtigt als Wallis Simpson, die sich den König von England geangelt hatte, das Kleid hatte einen weiten Rock, auf dem ein lüsterner krebsroter Hummer sich dem Schoß entgegenräkelte. Coco von Shop gegenüber nannte sie schnaubend »diese Italienerin!«. Vor mir liegen also diese Ohrclips in tiefen Meerestönen. Jeanne sagt: »Nicht eher diese?« Mattiertes Glas in Taupe, zum Blatt geformt. Drum herum ein Hauch von Bernstein. Sehr edel. »Sie fallen erst auf den zweiten Blick auf«, sagt Jeanne, »weil die Farbe mit Ihrem Haar harmoniert. Fast könnte man sie übersehen. Aber eben nur fast. Und dann. Sehr raffiniert!«

Dann stehe ich vor dem Laden und schnuppere in den Frühling, noch etwas benommen von meinen Entschlüssen. Hinter mir schlägt eine Tür zu. Abgang Jeanne. Der Schlüssel dreht sich. Madame eilt davon. Ob ihr ein Paar verkaufte Clips pro Tag reichen? Ob sie zu teuer waren?

Papperlapapp. Das war jetzt die innere Miesmacherin. Ich stelle mir also vor, wie Jeanne eine Brasserie stürmt, wo die Freundin schon wartet, wie sie die Gläser heben mit dem kleinen Rouge, aber vielleicht ist ja auch schon Zeit für einen goldgelben Sancerre oder einen perlenden Rosé? Auf Elsa!

DAS GRAND-
OLD-SCHACHTEL-
FEELING

Ich könne sie nicht übersehen, hatte Lisl gesagt, »mein Auto ist orange, und ich werde ordentlich hupen!«. Besser hätte sich Lisl nicht einführen können. Orange is the new black und dann aber hallo. Sogar die Wetterlage hatte Schwung aufgenommen. Ein Sturm ist über Westchester County angesagt, schon als sich mein Zug aus New Yorks Grand Central Station herauswandt, schlug der Regen gegen die Fenster. Jetzt ist es kaum möglich, die Straße zu überqueren, weil das Wasser waagerecht durch die Luft fliegt. So bleibe ich brav auf meiner Position im Starbucks in diesem Nest nördlich von New York. And here she comes. Orange tritt in Erscheinung als raumfassendes Produkt eines marktbeherrschenden deutschen Autofabrikats. Eine Grand Old Schachtel de Luxe. Der Sound der Hupe könnte die Gräber auf dem kleinen Friedhof am Ortsrand erschüttern und die Toten auf Trab bringen. Jetzt wird die Tür des Autos von innen aufgestoßen, und da sitzt sie. Lisl Steiner. Ein großes Gesicht, Haare, die wie ein hochtouriger Petticoat das Gesicht umspielen. Eyeshadow in Wildbachtürkis. Lippen in Mandarinenrot. Nägel in Blutrot. Lachen. Große Herzlichkeit. Nicht nur gegenüber Zweibeinern. Innen ist das Auto von vielen Tieren geflutet, allein im Gitter der Heizung vorn schlängeln sich

52

fünfzehn, oder sind es sechzehn?, Schlangen. Ein ausgestopfter Vogel späht hinaus auf den Kühler. Ein kleines Krokodil ist mit dabei, dies ist ein Terrarium für seltsame kostbare Arten. Man steigt in diese Arche Noah ein, und Lisl sagt: »Sag einfach Lisl!«

Wer Lisl ist? Im Abspann ihrer Mails formuliert sie es so:

lisl steiner
Documentarian / Photojournalist / Kuratorin /
Valkyrie / EnergieSpendende / Ausnahme Erscheinung /
Godess / Golden Egg of Easter /
Chronicler in Residence at Caramoor 1961 / 2013
Académica correspondiente, académica de bellas arte
argentina / argentine fine artes academician in the
USA / big shit in vienna stop
this is what people call me these days stop

Lisl Steiner ist Fotoreporterin. In ihrem Portefeuille findet sich Indira Gandhi, wie sie inmitten einer großen Pressekonferenz der Lisl in die Augen schaut und sie anlächelt, als seien nur die beiden allein da, Lisl wird später sagen: »Es gab da ja damals noch nicht so viele Frauen mit Kamera, und vor ihr saßen nur Männer, Männer, Männer.« Und eben Lisl, kein Wunder, dass die indische Ministerpräsidentin Lisl anschaut, so intim wie von Freundin zu Freundin. Eines von Lisls berühmten Bildern zeigt Henry Kissinger, der vor einer Badewanne sitzt, in der Franz Beckenbauer sitzt. Eine Legende, dieses Bild. Von Lisl Steiner stammt auch das lustige Foto von Norman

Mailer, dem testosterongestärktesten der amerikanischen Schriftsteller. Das Bild zeigt ihn, wie er vor seiner Mutter steht und ihr brav zuhört. Lisl hat Miles Davis fotografiert und den blinden Jorge Luis Borges vor seinen Büchern, die er nicht mehr lesen konnte, und Friedrich Gulda, wie er einen langen Schatten auf sein Piano wirft, und natürlich Duke Ellington. Ikonen! Alle auf Lisls Film.

Jetzt guckt Lisl mich mit diesem fokussierten Blick an und ruft: »Wundervolles Gesicht!« Ohhh. Ich stelle fest: ein natürliches Glücksdurchflutungserlebnis. Und es kommen noch mehr. Es vergehen nur Minuten, und Lisl hat überschwänglichst 1. meinen Ring bewundert (»Moonstone?«) und 2. mein Kleid (»Marimekko? Echt? Wollen wir gleich meine Vintage-Marimekkos anschauen?«) und 3. meine Beine (»wie ein Teenager!«) und 4. mein Alter (»nicht älter als 40!«). Das klingt jetzt nicht so subtil, wenn man es erzählt, aber es ist herrlich, wenn es passiert, es ist, als würde eine Trüffel nach der anderen serviert, und ich mag Trüffeln sehr. Krönende Köstlichkeit ist, dass Lisl ihr Alter verrät: 88 Jahre! Wer Lisl ein wenig im Blick hat, und sie ist nicht öffentlichkeitsscheu, weiß das natürlich schon, aber es ist trotzdem immer wieder toll, sie zu sehen und zu wissen, so also kann man sein mit 88 Jahren. Oder 87. Oder 89.

Es ist kein großes Geheimnis, dass Lisl immer sagt, sie sei 88 Jahre, aber eigentlich erst 87 Jahre alt, sie erzählt es immer wieder gern, dass sie sich ein Jahr älter mache, als sie sei. Schon, um ihrer Zeit voraus zu sein.

»Hier«, sagt sie und greift mit ihren großen Fingern, von denen jeder einzelne mit mindestens einem großen

Ring geschmückt ist, nach einem kleinen Buch, »während wir zu mir nach Hause fahren, kannst du dir ja schon mal meine Zeichnungen anschauen ...« Kleine weiße Seiten mit kräftigem dunklem Stift bemalt. Tiere. Pflanzen. Gesichter. Gestalten in einer Haltung, die man sofort als typisch versteht. Katzen, Musiker, Pflanzen. Bezaubernd.

Lisl hat am 19. November Geburtstag, wie auch ich (»noch eine erstaunliche Gemeinsamkeit!«), und wenn sie nun am 19. November tatsächlich 88 Jahre alt ist und ihr Alter gleich weiter auf 89 Jahre dreht, ist ihr gewiss, dass auch dies vor Publikum zuverlässig noch mehr Ohs und Nasowas ergeben wird! Man kann sich auf YouTube anschauen, wie furchtlos Lisl ihrem Alter in die Augen schaut. Sie sitzt bei diesem YouTube-Interview auf einer Art von Barhocker vor einer rohen Klinkerwand in einem wallenden Gewand, natürlich orangegrün, und einem breiten Hut sowie einem langen Stock in den Händen, sodass sie ein wenig wie eine Hirtin ihrer über die Welt verstreut und brav und bewundernd zuschauenden Fans wirkt. Alternativ wirkt Lisl wie eine der drei Hexen, die schon Shakespeares Macbeth das Fürchten lehrten.

Während sie auf die Fragen der Interviewerin nach ihrem aufregenden Leben antwortet, zieht sich Lisl aus. Erst den Mantel, dann den Hut, ihren Stock und den Schmuck wirft sie von sich, man sieht, wie sie die Schuhe mit den Pailletten von den Füßen schält, schließlich das gehäkelte Kleid hochzieht, sodass ihre schwarze, bis in die Taille reichende Unterhose zum Vorschein kommt und dann die beiden langgezogenen Narben, dort, wo einmal ihre Brüste waren. Was soll's. »Wer hat noch Sex mit 88

Jahren?«, fragt Lisl in ihrer fast kindlichen, gänzlich überzeugenden Art. 456 000 Clicks für dieses Video!

Lisl ist mit ihren bald 88/89 Jahren ein Superstar, man bewundert ihren Mut und braucht natürlich selber ein wenig Mut, sich Lisl zu stellen, was wird passieren, bei einem Interview mit Lisl? Nun, nur das Allerschönste. Wir donnern durch das Unwetter in dem orangefarbenen Schlitten, dann biegt Lisl ab, und wir halten an. Zwischenstopp bei einem erstklassigen Restaurant. Junge hübsche Männer springen herbei, um den Autoschlüssel zu bekommen, während wir auf einer Bugwelle aus Aufmerksamkeit weiterer Helfershelfer das Etablissement entern. Fast leer, wie zu erwarten. Es ist früher Nachmittag, die Küche ist natürlich schon zu, aber was macht das, wenn eine wie Lisl kommt. Minuten später steht vor uns köstliches Tempura zu frischem Weißwein. Um drei Uhr am Nachmittag! Also wenn Stammlokal, dann so!

Wir sitzen und plaudern. Ab und zu kommen junge Damen oder der Barkeeper hinzu, auch sie dürfen mit der Lisl ein wenig plaudern. Der Stil des Restaurants ist dieses angesagte naturhafte Rohholzdesign mit Kieseln und grauem Leinen, das wirkt zurückgenommen edel und perfekt als Hintergrund für Lisl. Wie hat sie es auf YouTube erklärt? »Im Augenblick favorisiere ich den Stil einer Puffmutter.« Wie sie es genießt, solche krassen Sachen rauszuschleudern, Sätze wie: »Ich werde jeden Tag primitiver.« Ihr dabei zuzuschauen ist ein tolles Gefühl. Man möchte es ein *Grand-old-Schachtel-Feeling* nennen!

Grand old Schachteln sind selten, aber doch als Typ erkennbar. Grand old Schachteln sind die englische Punk-

Designerin Vivianne Westwood oder Diane von Furstenberg, Erfinderin des legendären Wrap Dress, oder die is-
raelische Sängerin Miri Aloni. Eine Journalistin hat Miri
Aloni neulich so beschrieben: »Könnte Barbie altern, würde sie vielleicht aussehen wie Miri Aloni: rote Sonnenbril-
le, Blumen auf dem blauen Jackett, Schlaghose. An dem
karierten Hut glitzert eine Strass-Schnalle, an der Nase ein
dünner Silberring, die Fingernägel sind rot lackiert mit
Glitzer. Ihre Lippen hat sie dunkelrot nachgezogen, die
Augen sind dramatisch umrandet, in den Stirnfalten sam-
meln sich Puderreste. Auf ihrem linken Unterarm trägt sie
eine Tätowierung, Blumen und Herzen, Love and Peace.«*
Ahoi!

Grand old Schachteln sind Frauen, die mit Haltung
die von ihnen hervorgeschürften Wogen überragen. Schon
das Haar! Diane von Furstenberg räkelt sich lasziv mit
rotflammender Lockenmähne vor den Kameras und gibt
perfekt die 74-jährige Sirene, wie auch Vivienne Westwood
sich mit rotem Schopf hervortat, bevor sie ihre flammen-
de Mähne durch neonweiße Stoppeln ersetzte, die sie mit
Lederbändern schmückt, aus denen Adlerfedern ragen, was
insgesamt eine Mischung ergibt aus buddhistischer Nonne
und Nscho-tschi, Winnetous Schwester, als Vintage-Edi-
tion. Miri Aloni trägt zu ihren die Schultern umspielen-
den weißen Fluten gern eine lavendelblaue Seidenrose im
Haar. Alle sind Frauen mit sehr viel und sehr verwegener
Vergangenheit, was vielleicht hilft, wenn man sich noch

* Eva Lindner, »Ein Lied von Blut und Frieden«, in: *Süddeutsche Zeitung*,
31. Oktober 2015

eine lange Zukunft voraussagt. Lisl spricht von etwa hundert Jahren, die sie voll machen will. Wer würde ihr widersprechen wollen?

Miri Aloni weiß, wie schnell der Tod kommen kann, am 4. November 1995 sang sie gerade noch für Jitzchak Rabin ihr Shir LaShalom, das Friedenslied, das ein Protest ist gegen den Tod: »Den, dessen Licht erloschen, der im Staub begraben liegt, wird bitteres Weinen nicht erwecken ...«, und Rabin sang: »Singt mit lautem Schreien ein Lied für den Frieden.« Wenige Momente später, nur einige Schritte entfernt, und er lag am Boden. Erschossen. Zwanzig Jahre später hat sich auch das Schicksal für Miri Aloni gedreht, die einst Berühmte singt jetzt in den Straßen von Tel Aviv, immer noch ihr Shir LaShalom, mit jeder Note kämpft sie um das Überleben, aber besser singen als tot sein, s. o.

Lisl ist in Buenos Aires geboren und in Argentinien aufgewachsen, viele ihrer Bilder entstanden in Gesellschaften, die von Diktatoren beherrscht wurden. Gern erzählt sie, wie sie mit diesen Typen fertiggeworden ist, wie sie sie rúmdirigiert hat, setz dich dahin, dreh dich um, kleine Triumphe, die natürlich nicht die politische Landschaft veränderten. Wie also geht sie mit diesem schlimmsten aller Tyrannen um, dem Alter?

Wir sitzen in dem schönen Haus, das einer Freundin gehört und das Lisl hütet, wenn ihre Freundin in einem ihrer anderen Häuser ist, falls man es hüten nennen kann, wenn man irgendwo wohnt, bis auf mal so vier bis fünf Tage im Jahr, an denen Leute kommen, die eigentlich in dem Haus wohnen, oder eben nicht, wie man es nimmt.

Lisl ist eine Lebenskünstlerin. Wenn man wissen will, wie sie es hinbekommen hat, 88/89 Jahre lang nicht zu sterben, muss man nur hinschauen. Sie hat ihren Mann überlebt, mit dem sie in Winchester County dieses herrliche Haus hatte, das sie nach seinem Tod verkaufte, und jetzt lebt sie bei einer ihrer Freundinnen, in diesem weitläufigen Gelände von Haus, das sich an einen See schmiegt und in dem man über viele kleine Treppen hochgeht und viele kleine Treppen wieder runter, um von einem Hausflügel oder einer Aussichtsterrasse auf die andere zu gelangen. Wozu braucht man ein eigenes Haus, sagt die Lisl, wenn man solche Freunde hat? Neulich, als sie auf Europareise war und auf dem Flughafen von Bremen der Lisl'sche Trolley geklaut wurde – mit allem Gepäck, Koffern mit Klamotten, Mappen mit ihren Bildern, die Leica, einfach alles weg –, waren die Menschen um sie herum verzweifelter als Lisl, die buchstäblich nur noch dabeihatte, was sie auf dem Leibe trug – aber muss man nicht irgendwann sowieso alles abgeben? Slogan: »Don't be possessed by your possessions!«

Das also ist ihre Art, das Alter an den Hörnern zu packen und darauf zu reiten, wohin auch immer. Gebrechlichkeit? Beschwerden? Na klar. Ich bitte dich. In dem Alter. Und was genau? Der Rücken. Der Krebs. Aber sie sagt, sie hasse diese Unsitte, wenn andere einen ständig betüdeln wollten, nur weil man 88 sei. Oder 89!! Freundinnen, die ihr alles abnehmen wollen – brrr. Sie sagt: »Wenn etwas nicht geht, in meinem Alter kann ich doch darum bitten.« Alles andere führe zu teuren Verwicklungen. Kürzlich erst sei sie gefallen, allerdings gut gefallen, weil eben nichts gebrochen. Ja und dann? Was passierte, gegen ihren Willen? Sie wurde von Eifrigen ins Spital gebracht, dort um 500 Dollar erleichtert, dann wurde ein MRI gemacht, für weitere unzählige Dollar, und es zeigte sich, gar nichts war gebrochen. Nach drei Wochen war alles wieder gut. Nur das Geld war weg.

Wir sitzen, Knie an Knie, auf der Treppe, die von dem Küchentrakt über eine Empore zur Diele herunterführt, um uns herum sind Fotos gestapelt, sie blättert sie durch. Das Strandgut der Jahre. Louis Armstrong, in kurzen Hosen, die Arme sehnsuchtsvoll erhoben. Wieso eigentlich? »Der wollte mit mir schlafen, ich wollte aber nicht. Kannst du haben, das Foto.«

Sie in der Hand zu halten, die Fotos, Bilder, die in *Life, Time, Newsweek* gedruckt wurden. Aufnahmen aus ihrem Projekt »Kinder in Amerika«, 1955 begonnen, noch immer nicht fertig, wie auch. Sie erzählt, wie sie die Politiker überzeugte, dieses Projekt zu machen, eine Bestandsaufnahme der Kinder eines Kontinents. Ein Mädchen, das auf einem struppigen Gelände hinter einem Verkehrsschild kauert und Verstecken spielt (Argentinien 1960). Ein rundbauchiger Junge im Bambus (Brasilien 1960). Ein schwarzes Mädchen allein im Speisewagen des Zugs Chicago – New York. Gerade groß genug, so ein Projekt, für so eine wie Lisl Steiner, die vorhat, die 100 Jahre voll zu machen.

Sie gibt gern Ratschläge, an Jüngere, na, an wen sonst. In dem Alter. Sie klingen ein wenig wie Kommandos, etwa so: Die Treppe immer seitlich runtergehen! Warum? Dumme Frage. Damit man nicht runterkugelt, wenn man fällt! Grundgarderobe schwarz! Darauf dann aber das Drama der Farben entfalten! Hier, nimm das mit! Ein kleines Gästehandtuch, total praktisch! Such dir was aus! Zwei Ringe aus Holz, einer hat einen hochgezogenen Rücken, als wolle er den kleinen und den mittleren Finger mittels einer Brücke verbinden, einer ist rund wie eine Schildkröte. Welcher sieht schöner aus, Lisl? Ach, nimm beide! Sie stehen dir!

Lisl reist also noch immer durch die Welt, gerne am Stock. Wir bewundern ihre verschiedenen Stöcke. Den mit dem schmalen silbernen Entenkopf. Den anderen, der aus einem Baum gewachsen ist, ein wild sich schlängelndes Wesen. Wenn möglich, nimmt sie am Flughafen einen Rollstuhl, viel bequemer, als sich die Hacken abzurennen! Man muss Lisl nur zuhören, wie sie davon schwärmt, dass sie am Gate mit einem Rollstuhl abgeholt wird, und dann – wusch – an einem anderen Gate zum Weiterflug abgegeben wird, so zu reisen, in einem Mama-Mobil! Gibt es etwas Luxuriöseres als das Alter? Fast glaubt man ihr.

Natürlich sind ihre großen Zeiten als Reporterin vorbei, Lisl ist dazu übergegangen, ihr eigenes Studienobjekt zu sein. In dem Fotoband, der nun erschien und ihr Werk zusammenfasst, sieht man, dass sie nun vor allem ihr eigenes Werk ist. Lisl mit Hut aus giftgrünem Stroh und einer Brille, die statt Gläser rotgeräderte Augäpfel hat. Ihre alte Hand mit den schweren Ringen. Eine alte Frau auf einem Ledersofa, nackte Füße ragen unter der Decke hervor, mit roten Nägeln. Was ist für sie schön? »Ich fühle mich innen schön«, sagt sie auf YouTube. Und später?

»My doctor is going to help me and he says part of it is champagne.« Hoffentlich schafft man es, sich diesen einen Satz zu merken.

https://www.youtube.com/watch?v=bTe72eYLO-8

ÜBUNGEN ZUM WAHRNEHMEN ÄLTERER DAMEN UND HERREN

Wie leicht man sie übersehen könnte. Wie schnell die Augen über alte Menschen hinwegwedeln, ohne sie auch nur zu bemerken. Wie oft passiert es jetzt, dass jemand in der Menge einen fast umrempelt, so als habe man unerwartet Luftraum für sich in Anspruch genommen. Die Vintage-Zone ist ein Zwischenreich, bevölkert von bemerkenswerten Gestalten. Man sieht sie aber nur, wenn man die mentale Brille ordentlich putzt. Was man dann sieht? Ältere, nicht selten kleine Menschen. Welche Mühe und Sorgfalt sie auf sich verwenden, wie viel Stil sie an den Tag legen! Wie viel noch geht, gegen den beharrlichen Widerstand der Natur. Auch eine Art von Tapferkeit.

– Im Café. Ein Ehepaar, beide weiße Haare, beide runder Rücken. Sie liest ihm etwas vor, von einem Blatt, es ist wohl eine Art von Brief, es sind kurze Sätze, wie Aufzählungen. Nach jedem Satz macht sie eine kleine Pause. »Keine Äpfel. Ich darf keine Äpfel essen. Keine Aprikosen. Keine Orangen. Nur leichte Kost. Ich soll nur leichte Kost zu mir nehmen.« Sie schüttelt den Kopf. Sie blickt durch das Fenster auf den kleinen Park vor dem Café. Er sagt: »Kann man das glauben.« Sie heben ihre Gabeln und stoßen sie gleichzeitig entschlossen in die Tortenstücke, die vor ihnen stehen. Aprikosenkuchen.

— Im Bus. Eine kleine Frau, rund und faltig. Hatte man nicht einmal gedacht, dass sich Falten und rund ausschließen? Ein weißer Pagenkopf, in dem noch das Blond von einst durchscheint. Sie trägt weiße Sneeker und einen weißen Pulli. Weiße Handtasche. Dazu kleiner Rock. Der Pulli ist um das Dekolleté herum mit daumengroßen Diamanten geschmückt. Keine echten natürlich.

— S-Bahn, Hamburg. Noch braune Haare. Sie trägt in ihren noch braunen Haaren einen hellen Reif und zu einem gelben T-Shirt ein Safari-Shirt mit Blumen und Palmen; sie hält den Gehstock mit beiden Händen, so wie man es von Männern auf alten amerikanischen Fotos her kennt.

— Metropolitan Museum, New York. Sie trägt eine toffeefarbene Hose mit Schlag, im Marlene-Style. Dazu ein weit ausladender, schlichter Strohhut mit schmalem Band, Gesamteindruck: edel. Rechts ein Stock. Jeder Schritt ist eine Anstrengung. Sie kämpft sich voran. Als wir aneinander vorbeigehen, hebt sie den Kopf, und wir sehen uns kurz an. An den Ohrläppchen kleine Goldringe, die je einen roten Stein fassen. Lippenstift in hellem Rosé.

— East Village, Manhattan (vor Lil' Franky's Pizzeria). Ein Mann? Eine Frau? Er oder sie trägt ein hellblau gestreiftes Hemd zu einer hellblauen Hose. Schuhe: weiß. Tropenhelm: weiß. Haut: schwarz.

- Auf dem Markt, Hamburg. Sie trägt eine weiße Hose und dazu eine orientalische, fein gesteppte Jacke aus korallenroter Seide. Die Jacke ist über und über mit vielen kleinen gelben und schwarz-roten Blüten auf einem filigranen Geäst bestickt. Gehwagen.
- Houston Street, Manhattan. Sie trägt eine Dreiviertelhose in der Farbe Rosenholz. Top aus Seide in den Farbblöcken Braun, Rosé und Creme. Sie stolpert auf cremefarbenen Sandaletten mit glitzernden Blockabsätzen heran. Blicke, die sich kreuzen. Gemeinsames Kichern.
- Café Paszkowski, Florenz. Sie steht an der kurzen Seite der Bar, schräg gegenüber. Eine Frau im weißen Wollmantel, dazu eine weiße Schlumpfmütze verwegener Eleganz. Gedankenversunkenes Rühren in ihrem Espresso. Aufschauen, gedankenverlorenes Lächeln.
- Jenisch Park, Hamburg. Kleine runde Frau. Sie trägt zitronenfarbene Hotpants und darüber eine Bluse aus bronze- und goldfarbener gesmokter Seide, die sich eng um ihren Busen und der darunterliegenden Kugel schmiegt. Haare in Aprikot.
- Villenviertel, Hamburg. Auf dem Gehweg eine schmale hohe Figur. Obwohl es ein schöner warmer Sommertag ist, trägt die Figur einen bodenlangen Mantel aus rehbraunem Wachsstoff. Oben ist der Mantel als Pelerine geschnitten, so als sei man in den Tropen und müsse für einen Monsunregenguss gewappnet sein. Man sieht von hinten eine Gestalt ohne Kopf. Der Kopf, zeigt sich beim Näherkommen, ist nach

vorne abgeknickt, so als sei er zu schwer geworden. An den Füßen der Person hellbraune Lederschuhe, passend zum Rehbraun des Mantels. Rechts und links Begleitpersonen, die sie stützen. Sie unterhalten sich über sie hinweg.

– Hauptbahnhof, Berlin. Dame, sehr schlank, im pudrig weiß-roséfarbenen Seidenmantel, dazu eine Dreiviertelhose in Burgundrot. Wehender Schal aus blauroter Seide. Weißer Bob.

– Im Zug Richtung Westchester County, New York. Die alte Lady hat ein Gesicht, wie man es von den Porträts alter Indianer kennt, die ihre Würde vor den Kameras der Eroberer behaupten – tief zerfurcht. Sie trägt ihre Haare lang, die Haare hängen weiß bis über die Schultern. Sie trägt einen schwarzen halblangen Rock, der statt eines Saumes eine schmale Spitzenkante hat, die mit Pailletten besetzt ist. Dazu eine kurze Jeansjacke, die offen ist, sodass man einen Blick auf eine Weste aus schwarzem Jersey werfen kann, die mit Nerz gefüttert ist. Um den Hals hat sie ein schwarzes Seidentuch gelegt, über das sich goldene Spinnfäden ziehen, in denen Insekten mit ihren smaragdgrünen oder rubinroten Panzern zappeln. Kein Make-up. Nägel *in nature*.

– Hanseviertel, Hamburg. Ein Mann. Gewürfelte Hose, dazu ein enges altes Tweed-Jackett. Auf den weißen Locken sitzt ein Bowler Hat. An den Füßen handgenähte Brogues, deren Nähte aufgeplatzt sind. Schmale nackte Fesseln. Er geht so schnell, dass man ihn nicht einholen könnte, ohne zu rennen.

– Krankenhauslobby. Kleine Lady, auf dem Kopf trägt
sie ein Haarnetz, das über und über mit weißen Pailletten besetzt ist. Gehwagen.

Usw.

RÜCKBLICKE

LOSE
ENDEN

Die Emsigen. Die Weltverbesserer. Die Allesbesserwisser.
Die Alleswoller. Das waren wir, als wir noch jung und
noch nicht alt waren. Haben den Sex neu erfunden, dabei
die Klitoris entdeckt und die Menopause des Mannes.
Wollten die Weltrevolution und zum Frühstück biologisch-
dynamisches Müsli, selbstverständlich selbstgemahlen in
Getreidemühlen aus geöltem Buchenholz. Gierig, die Autos abzuschaffen, aber zu Weihnachten nach Thailand
jetten. Und sich zwischendurch beim Pipimachen brav
hinsetzen, die Herren! Die Nachgeborenen reagieren ge-
reizt auf die Generation der Achtundsechziger, als hätte
die ihnen nicht genug zur Weltverbesserung übrig gelassen, und jetzt haben sie auch noch vor, extra lange auf
Erden zu verbleiben und üppig Renten zu beziehen! Besonders die Generation der Kinder der Generation der
Achtundsechziger verfängt sich in ungelenken, ewig pu-
bertären Abstoßungseffekten, diese Armen, alles ist schon
mal angedacht, angefasst, durchgedacht, von Papa und
Mama! Und jetzt was? Ein kleines Katergefühl, auch bei
den Papas und Mamas.

Sie hatten mal fürs Proletariat geschwärmt, sich dann
aber freiwillig bis zum Burn-out abgewirtschaftet, mit
freundlichem Gruß ans Kapital. So in der Nachbetrach-
tung wirkt es nicht wenig anmaßend, dieses ganze Getöse

der Generation der Klassenbesten. Klimarettung, Menschenrechte, Kulturschutz in der Dritten Welt, alles auf Zack bringen. Jetzt, da man zunehmend zu tun hat, sich selber auf Zack zu halten – im Schultergürtel nicht weich werden, nicht schlurfen –, möchte man sich gelegentlich wegducken vor der Tatsache, dass viele hochfliegende Projekte, die so mit Verve begonnen wurden, nicht vollendet sein werden, wenn man nun, nicht ganz freiwillig, den Rückzug antritt. Als schliche man sich aus der Küche, wo alles noch rumliegt nach der großen Schlacht. Da ist so ein Gefühl von Restlaufzeit, das mürbe machen kann. Zeigt sich gelegentlich in einem Schlechtgelauntsein, warum? Weil sich die Älteren nicht mehr wichtig fühlen? Das mutmaßt Volker Zastrow in der *FAS* und schlägt gleich vor, die Alten, die noch nicht alt genug seien, um sich alt zu fühlen, sollten doch ins Altersheim gehen und Alte im Rollstuhl rumschieben. Alte zu Alten. Nette Idee, Herr Zastrow, schon probiert? Typisch ist doch, dass Zastrow, Jahrgang 1958, sich offensichtlich noch so jung wähnt, dass seine eigenen Ideen ihm nicht bedrohlich zu Leibe rücken, da wäre sie wieder, die alte nervige Hybris dieser Generation.

Tatsächlich heißt es, im Stile einer mentalen Seniorengymnastik, sich ein wenig in Demut zu üben. Wirkt das nicht sowieso cooler als das ständige Durchstarten? Praktisch betrachtet, wird ja nicht nur die Rettung des Klimas als unerledigt zurückbleiben, sondern auch vieles Banale, unerledigter Kram, der im Gefecht des hektischen Alltags hintenangeschoben wurde. Und wer möchte nun schon seine Restlaufzeit nutzen, um den Keller aufzuräumen? Im Keller meiner Mutter habe ich nach ihrem Tod einen Sommer verbracht. Kartons bis zur Decke. In den Kartons kleine Kartons. In den kleinen Kartons kleine Papiertüten, mit Gummibändern umklammert, darin drei Schräublein. Für was? Solche Geheimnisse nahm sie mit ins Grab. Was blieb, war unter anderem eine Dose mit einem schmierigen Etikett, auf dem vermerkt war, es handele sich um Melkfett, zu verwenden bei Brustentzündungen, angeschafft im November 1952, also anlässlich meiner Geburt. Man möchte gar nicht daran denken, was zu Tage gefördert würde, wenn ich jetzt den Abgang machte und die Kinder müssten in den Keller absteigen.

Altlasten: die Kisten aus der Räumung der Kisten im Hause meiner Mutter. Nachthemden des Urgroßvaters, knöchellange Gewänder, die in der Hippie-Zeit zum Einsatz kamen und jetzt mein ganzes Leben darauf gewartet haben, wieder entmottet zu werden für die gemütlichen Abende ohne Arbeit. Alte Briefe sortieren. Weiß noch jemand, was das ist? Briefe? Es handelt sich um eckige, handliche Papierrechtecke mit geschriebenen Botschaften an Menschen, die in der Regel woanders wohnen und dieses Papier angeliefert bekommen. Variante: kleiner Karton mit Bild (Postkarte). Hanna, die nun schon über achtzig ist, erzählte neulich davon, mit welcher Leidenschaft sie als Mädchen Briefe mit einer Freundin gewechselt hat, »tagebuchähnliche Briefe«, sagt sie, und jetzt liegen sie da. Ihre Briefe und auch die Briefe ihrer Mutter. Bündel von Briefen, von Briefen, die Mütter an Töchter schrieben, Briefe von Söhnen an Mütter oder Briefe von Ehemännern aus dem Krieg, »was waren sie alle Briefeschreiber in meiner Familie«, bemerkte Hanna nicht ohne Stolz und ein wenig gehässig, dass von der jungen Generation ja nichts bleiben werde, die schrieben ja nur noch Simse oder wie das heiße. Die hätten an Schreiben gar kein Interesse mehr. Wie schade das sei, aber wer nicht höre und so, sie würden eben, ohne Spuren zu hinterlassen, untergehen.

Herbe Drohung. Könnte von den Überlebenden aber als Versprechen aufgefasst werden. Nichts zurücklassen, wenn man geht. So wie die Nomaden im Hochland von Nepal, wenn sie ihre Zelte abbrechen und neue Jagdgründe suchen, und kein Krümel bleibt zurück, und die Berge und die Wiesen liegen da, als wäre nie jemand da gewesen. Schöne, irgendwie auch ein wenig traurige Vorstellung, hat aber Stil. Schmale Silhouette im Abgang. Vermutlich hätte ja noch nicht einmal Hanna selbst ein Interesse daran, die Briefe der Familie zu sichten. Hanna, die eine elegante Lady ist, die alten Hände geschmückt mit den interessanten Ringen und Reifen, die sie von ihren vielen Reisen mitgebracht hat, eine Steilvorlage für jedes Gespräch im Freundinnenkreis.

Wann also wird Hanna die Briefe ihrer Familie sichten? Hanna ist heute 84 Jahre alt und seit zwanzig Jahren im Ruhestand, zum Lesen der Briefe ihrer Familie ist sie in diesen zwanzig Jahren nicht gekommen. Natürlich, das viele Reisen. Und jetzt »das Skelett«, das halte sie in Trab, sagt Hanna in dem schnoddrigen Ton, der die Ärztin im Ruhestand verrät, von ihrem »maroden Herzen« will sie gar nicht erst reden. Neulich zwei Stunden beim Arzt gewartet, bei einem Termin, den sie ein halbes Jahr vorher gemacht hatte. Kleine Spuren von Verbitterung. Eine Kollegin warten lassen! Eine ehemals leitende Endo-krinologin, wen interessiert das jetzt. Hanna plant jeden-falls ihren 85. Geburtstag, der in einem Jahr ist, schon spürt sie den Stress, es muss ja mithalten können mit dem letzten Geburtstag, an dem es eine Marionettenvorstellung gab, und das war noch nicht einmal ein runder Geburtstag. Klar ist, für die Briefe ihrer Mutter oder Großtante aus dem Kloster wird auch in diesem Jahr nicht viel Zeit blei-ben. Vielleicht danach.

So viel zu den kleinen Projekten. Und was sind Bün-del alter Briefe gegen Wände mit alten Büchern, die man aufbewahrt hat, für den Fall, dass man irgendwann Zeit haben sollte für nachholende Lektüre.

»Was anfangen mit den Büchern? 4000 Bücher? An-genommen, ich lebe noch 40 Jahre, um alle zu lesen, müss-te ich pro Jahr 100 Bücher schaffen, mir bleiben für jedes durchschnittlich 3,65 Tage. Das ginge«, schreibt Steffen Mensching selbstironisch in seinem Roman *Jacobs Leiter*. Aber ginge es auch, wenn man nicht vierzig Jahre alt ist, sondern schon sechzig? Etwa: ein Buch pro Tag? Man be-kommt schon Herzklopfen und ein Gefühl von Enge und Bedrängnis, wenn man nur daran denkt, oder ist das jetzt schon ein ärgerliches Anklopfen von Angina pectoris? Nur, wer könnte mit Fassung daran denken, die herrlichsten Bü-cher ungelesen zurückzulassen? Der Band mit Chesterton-Erzählungen, die einem doch die letzten Jahre erheitern sollten? Gehen, ohne das Gesamtwerk von Faulkner vor Augen zu haben? Gar nicht zu reden von den großen po-litischen Projekten, der Umsetzung der Charta der Rechte des Kindes etwa, eine dieser Großunternehmungen, für die man sich mal an die Front geworfen hatte, der Anspruch der Kinder auf Bildung, auf Schutz vor sexuellem Missbrauch, auf die Freiheit, sich kreativ zu entwickeln, statt für globalisierte Konzerne mit kleinen Finger Samen in Tütchen abzuzählen, acht Stunden am Tag, oder Pailletten auf Ballkleider zu nähen, die andere ausführen – deprimierend zu denken, man hat das alles nicht geschafft. Und auch ein bisschen traurig der Gedanke, dass falls es irgendwann tatsächlich nach vorne ginge, man dann nicht dabei sein wird, wenn die Welt endlich besser ist.

Man denkt an die Zeiten, in denen man für Themen brannte, die damals ein Nebenwiderspruch waren – die Gleichstellung der Frau, die Kinderfrage – und die heute im Zentrum der vergreisenden Gesellschaft stehen und immer noch als Nebenwiderspruch gelten. Möchte man gar nicht dran denken. Hat man aber sein ganzes Leben drüber nachgedacht. Die Frage ist: Gäbe es den richtigen Zeitpunkt, an dem man aufhören sollte, das zu tun?

WELT OHNE
FRAUEN

Giftig. Böse. Wütend. Bei der Frauenfrage etwa werde ich leicht unleidlich, ich gerate in den Griff der Emotionen und in Gefahr, die Haltung zu verlieren. Stilfragen treten in den Hintergrund. Das ist nicht gut, wie schnell gilt man als dünnlippige Emanze, und das jetzt, wo die Lippen sowieso schmal werden, gerade im Anflug auf die Vintage-Zone sollte man sich nicht irritieren lassen von atmosphärischen Ärgerzusammenballungen, nicht jetzt, wo man weich landen möchte im Modus des freundlichen Rückblicks. Aber wie könnte man nicht wütend werden mit Blick auf das, was einem einmal so wichtig war im Leben, und zu sehen, dass irgendwie zu wenig daraus wurde. Die Sache der Frauen habe ich von meiner Mutter geerbt, die einen Beruf gelernt hatte und dann grimmige Hausfrau wurde, sie hatte sie von ihrer Mutter geerbt, Oma, sagte meine Mutter gerne, hielt ja den Betrieb von Opa zusammen. Der Betrieb von Opa ...

Wie wichtig sind also Frauen heute? »Wer baute das siebentorige Theben«, fragte Bertold Brecht 1935, hatte aber eher an »lesende Arbeiter« gedacht als an Frauen, von denen viele auch allen Grund gehabt hätten, Fragen zu stellen im Stile von: Wo ist ihr Anteil an der Welt, an den großen Gedankengebäuden, gar nicht zu reden von den großen Geldflüssen, den tollen Chancen in der sich global erhitzenden Wirtschaft, dieser sich beschleunigenden Moderne?

Die Wahrheit will niemand gern hören, vielleicht weil sie zu bitter ist, vielleicht lässt sich ein ganzes Land deshalb mit hochgepegelten Diskussionen über Quoten im Topmanagement beschäftigen, eine Diskussionslage, die nicht mehr als 60, maximal 90 Frauen im Lande betreffen würde, würde sie denn nach einigen Jahrzehnten so durchgesetzt, wie es zu wünschen wäre. Und wo wäre die 50- Prozent-Quote, schließlich verlangt es das Grundgesetz der Bundesrepublik Deutschland, dass eine Regierung die Gleichberechtigung von Frau und Mann herstellt (Artikel 3, Absatz 2: »Männer und Frauen sind gleichberechtigt. Der Staat fördert die tatsächliche Durchsetzung der Gleichberechtigung von Frauen und Männern und wirkt auf die Beseitigung bestehender Nachteile hin«). Tatsächlich sitzen in den Vorständen der dreißig Dax-Unternehmen gerade mal 16 Frauen, vereinzelte Farbtupfer unter 192 Männern. Eine »Abwrackprämie für Alt-Machos« hat die Volkswirtin Angela Hornberg gefordert – na, ganz die heißblütige Italienerin. Man kann sich vorstellen, wie die Herren schmunzelten.

Eine kleine Quote im Topmanagement würde allerdings in keiner Weise das Leben der Frauen berühren, die sich trotz bester Ausbildung mit diesen praktischen Halbtagsjobs durchschlagen, wegen Kindern, Jobs ohne Aufstiegschance, oft ohne Absicherung, meist ohne Rentenwirksamkeit. Nein, ich möchte mich nicht beruhigen.

Es stimmt mich nicht freundlich, wenn ich in der Zeitung lese, wie ich es alle Tage wieder tue, dass wieder eine

Frau es geschafft hat. Ich lese seit Jahren alle Tage in der Zeitung, dass Frauen es jetzt nach oben schaffen. Es ist sagenhaft, wie viele tolle Jobs es gibt, die noch erstmalig von einer Frau eingenommen werden können, seit vierzig Jahren lese ich in der Zeitung, wie dynamisch sich die Dinge entwickeln, die Zahl der Professorinnen hat sich unter den Herren hochgeschraubt, von sagenhaften fünf oder acht Prozent (als ich studierte) auf 20 Prozent (wo meine Kinder jetzt studieren). Ja bravo! Ja, ich habe mitbekommen, dass es jetzt sogar eine Frau Marissa Mayer gibt (mit der Autorin nicht verschwistert oder verschwägert), die nach der Geburt ihrer Zwillinge gleich wieder an ihrem Topmanagement-Job bei Yahoo auftauchte. Ich weigere mich, das für einen Fortschritt zu halten.

Seit Frauen, etwa zum Zeitpunkt, als ich geboren wurde, Berufstätigkeiten aufnahmen (wozu sie, als ich ein Schulkind war, noch die Genehmigung eines Gatten brauchten), um womöglich in Hosen Karriere zu machen (noch 1970, als ich das Abi anzielte, wurden sie darin des Parlaments verwiesen), seit Frauen also so vorpreschten, ist die Zahl der Kinder implodiert. Die Leute fanden es irgendwie so kompliziert, Kinder zu bekommen, dass sie lieber auf etwas verzichteten, was ich für das größte Glück halte. In diesem Land leben Millionen Kinder weniger als noch in den siebziger Jahren, und dass man jetzt, falls man doch welche hat, sie outsourcen kann, sogar Zwillinge abgeben kann, um seinem Job nachgehen zu können (falls man das nötige Kleingeld hat), so als hätte man keine Kinder, zeigt nur, dass sich grundsätzlich nichts geändert hat. Es bestätigt, dass die Arbeitswelt sich auf fassungslos machende Weise dagegen sperrt, das Brotverdienen wirklich vereinbar zu machen mit Kindern, für die man das Brot verdienen muss. Etwa durch großzügig befristete, bezahlte Freistellung, wie sie Frührentnern so gerne gewährt wird, 60 Prozent Arbeit bei 80 Prozent Lohn, ist jetzt im Gespräch für die Versorgung von alten Eltern. Ja, es ist schön, dass die Geburtenrate gerade angezogen hat, von 1,37 Kindern pro Frau auf 1,42, weil es jetzt mehr Krippen und ein bisschen Ganztagsschule gibt. Bitter für die vielen, die sich in ihrem Leben gedrängt sahen, auf Kinder zu verzichten. Nein, es stimmt mich nicht nur fröhlich, dass es einen neuen Feminismus gibt, in dem junge Frauen exakt die gleichen Dinge fordern, die ich als junge Frau forderte. Ja, ich rege mich auf. Nein, ich höre nicht auf, ich fange gerade an.

Vor etwa zwanzig Jahren erschien das Buch zweier amerikanischer Wirtschaftswissenschaftlerinnen, Pamela McCorduck und Nancy Ramsey, die in ihrer Consulting Agency mal die Computer mit den Fortschritten der Frauenbewegung gefüttert hatten, Suchbegriff »Zukunft der Frauen«, um zu überschlagen, wie lange es brauchen würde, bis Frauen gleichberechtigt seien. Das Ergebnis: etwa 270 Jahre. Ungefähr 100 Generationen. Ich hielt das damals für komisch. Heute halte ich es für realistisch. Und es gilt übrigens nur für den Fall, dass es nicht zu Rückfällen kommt, also für jene Weltzonen, in denen sich gerade der Islamismus ausbreitet, gilt es nicht. Aber auch in Deutschland ist ja die Beschäftigung von Frauen, stundenmäßig betrachtet, ein bisschen auf dem Rücklauf. Mitten im deutschen Jobwunder leben 40 Prozent der Alleinerziehenden von Hartz IV, das sind 625 000 vermutlich gut ausgebildete Frauen mit ihren Kindern. In der Schweiz sind 30 Prozent der Mütter ohne Job. In den USA ist jede zweite Frau über fünfzig arbeitslos, monierte die *New York Times* am 1. Januar dieses Jahres. 1246 Kommentare. In England fragt man sich, wohin die älteren Frauen, die früher Nachrichten sprachen, verschwunden sind. Sind sie tot? Müssen Experten, die befragt werden, eigentlich zu 80 Prozent männlich sein? Und wieso sind Zweidrittel aller Theaterstücke von Männern inszeniert?

In den großen wichtigen Diskussionen unserer Tage reden Frauen auch heute nur am Rande mit. Fällt nicht immer auf, dass bei den schönen Themen Klimawandel, Europakrise, Krieg in Afghanistan, Bekämpfung des Terrors, Männer sich vor allem mit Männern unterhalten – weil es meist gelingt, eine Frau in die Talkrunde zu schummeln. Man schlägt die Zeitung auf, und wer gratuliert in den Feuilletons den großen Männern zum Geburtstag, zum 60., zum 70., zum 80.? Große oder kleinere Männer. Wer trauert um Professor M.? Boys, boys, boys! Wer diskutiert im Deutschlandfunk über die Zukunft der Medien? Männer. Wer durfte in der schönen klugen Zeitschrift *Merkur* seit 1947 die Seiten vollschreiben? Sehr, sehr viele Männer. Wer dekoriert wen mit Orden und Auszeichnungen? Also das ist geradezu komisch. Als ich eine junge Frau war, besuchte ich einmal die Karikaturistin Marie Marcks, wir lachten erst über ihre wundersamen Zeichnungen, und dann holte sie einen Karton raus, in dem sie Zeitungsausschnitte sammelte, seit Jahren hatte sie aus Zeitungen Bilder von Ordensverleihungen ausgeschnitten, und da sah man sie, kleine Geschwader von Männern, die anderen Männern Broschen ansteckten oder schmunzelnd Briefumschläge überreichten.

So sieht sie aus, die Bilanz, nun, wo ich keine junge Frau mehr bin, sondern ein ganzes Leben gelebt habe:

Friedenspreis des Deutschen Buchhandels: 8 Frauen in 65 Jahren. Der Nobelpreis, seit 1901 vergeben, ehrte in 114 Jahren unter 567 Preisträgern 47 Frauen. Der Georg-Büchner-Preis, wg. Verdiensten um die deutsche Sprache und Literatur: 11 Frauen in 92 Jahren. Der Ernst-Bloch-Preis: eine Frau, Seyla Benhabib aus Harvard, unter 10 Preisträgern.

Es ist einfach verblüffend, wie viel Leben während meiner Lebenszeit irgendwie ohne Frauen ausgekommen ist. Man hatte es doch als feministisches Zeitalter wahrgenommen. Man war ja auch dabei. Im Rückblick wirkt es, bei allen Fortschritten, die im Kleinen gemacht wurden, als wären Frauen weitgehend irgendwo anders untergebracht gewesen. Und es ist nicht ganz undeprimierend, wie sogar rückblickend, sogar noch heute, Geschichtsschreibung so betrieben wird, dass Frauen aus der Geschichte, an der sie doch teilhatten, die sie mit formten, also wie ihre Ideen ausgerechnet durch Geschichtsschreibung aus der Geschichte wieder herausgefiltert werden.

Deutschlandfunk, im Sommer 2015. Ein Gespräch über den Aufbruch der kritischen Theorie der achtundsechziger Jahre. Meine Zeit! Philipp Felsch hat ein Buch darüber geschrieben, ein junger Kulturwissenschaftler, Jahrgang 1972, der damals natürlich noch nicht lebte, aber jetzt ein Resümee zieht über die spannenden Jahre des deutschen Aufbruchs, Felsch wird befragt von Barbara Schäfer, der Leiterin der Abteilung Hörfunk und Hintergrund Kultur. Immerhin, Frau in der vorderen Reihe.

Barbara Schäfer erwähnt, dass »Peter Gente und seine beiden Frauen, Merve Lowien und Heidi Paris« diesen interessanten, theoretischen Merve Verlag gegründet und geleitet haben. Felsch hebt an, er erklärt Peter Gentes prägende Adorno-Lektüre, führt aus zu Adorno. Wie Adorno inspiriert war von Nietzsche, später dann Adornos Hinwendung zur Gesellschaftskritik als Philosophiekritik, so kommt Herr Heidegger ins Spiel. Felsch spricht über die Freundschaft zwischen Peter Gente und dem Religionswissenschaftler Jacob Taubes, eine wundervolle Männerfreundschaft – die der Geisteswissenschaftler Henning Ritter so klug kommentierte! Taubes Auseinandersetzung mit Carl Schmitt. Taubes Einladung an Jacques Derrida. Der große Taubes, der immer so einen Riecher hatte, ja durch Handauflegen den philosophischen Gehalt eines Buches erkannte!, sagt Barbara Schäfer spöttisch, übrigens ein Zitat aus Felschs Buch. Felsch schildert unbeirrt, wie Jacob Taubes von Siegfried Unseld als Berater der Suhrkamp-Wissens-Edition angeheuert wurde (in den ersten zwanzig Jahren übrigens eine (1) Autorin, heute unter 13 Werkausgaben keine Frau). Wie Taubes seinen Studenten Gente schätzte, der seinerseits Roland Barthes bewunderte. So plaudern sich die beiden vor bis in das Jahr 2007, wo sich Gentes aus dem Verlagswesen zurückzieht, nachdem sich seine Gefährtin das Leben genommen hat – »die übrigens auch ganz wichtig ist für die Verlagsgeschichte, Heidi Paris, wir haben sie schon erwähnt«, sagt Felsch.

Tatsächlich, erwähnt. Genau genommen hat Barbara Schäfer die Frauen erwähnt, nicht Felsch. Dem Kulturwissenschaftler gelingt es, über die Aufbruchsstimmung der aufregenden achtundsechziger Jahre zu plaudern, er hangelt sich wie Tarzan von einer Girlande von Referenzen zu einer anderen, die Sätze führen von einem klugen Mann zum nächsten, und das gelingt ihm, ohne in den langen Sätzen und Absätzen auch nur ein Mal von einer Frau abgelenkt zu werden. Tarzan ohne Jane! Perfektes Gender-Mainstreaming, um ein von Männern gehasstes Wort zu benutzen, nur eben nicht feministisch, sondern Testosteron-fokussiert.

Das war bissig? Hallo! Wie könnte man, ohne die Zähne zu fletschen, dieser Diskussion über einen Verlag folgen, der ja den Namen von Merve Lowien trägt, Mitverlegerin und Gattin von Gentes, die dann von der fünfzehn Jahre jüngeren Heidi Paris abgelöst wurde, immerhin blieb ihr Name – Merve. Auch wenn heute kaum noch jemand weiß, wer oder was Merve ist.

Zu Heidi Paris heißt es bei Felsch: »Sie versprühte einen eigenwilligen Intellekt, der Männern, wie Gente sagte, Angst machte.« Angst! An anderer Stelle: »In der Männerwelt der Theorie, in der Frauen allzu oft auf die Rolle von Müttern oder Musen reduziert wurden, war sie eine Pionierfigur.«

Sehr schön, aber es folgt nichts daraus für die Entfaltung der geistigen Entwicklung jener Jahre. Zur Arbeitsweise des Herausgeberpaars heißt es, Gente habe »den enzyklopädischen Part« gespielt, und Heidi Paris: »Sie reagierte auf Texte mit einer scharfen Intuition.« Ganz das

Weib! Hat allerdings Michel Foucault für den Merve Verlag gewinnen können. Intuitiv?

So also verlieren sich die Spuren von Frauen in der Geschichte, gerade in der Geistesgeschichte. Es wirkt fast provokativ, wie Spuren überblendet werden. Der Publizist Rüdiger Safranski schreibt ein Buch über die *Romantik. Eine deutsche Affäre*, aber trotz dieses sich amourös gebärdenden Untertitels kommt Safranski weitgehend ohne Frauen aus. Fichte, Novalis, Schlegel, Schleiermacher, 416 Seiten – fast ohne Bettina von Arnim? Caroline Schlegel? Rahel von Varnhagen? Karoline von Günderode? Werden erwähnt oder gestreift, am Rande.

Man erinnert sich an die eigenen kleinen Merve-Bändchen mit ihrem rauen Papier. Was also stand im Regal? Hélène Cixous natürlich. Luce Irigaray, *Das Geschlecht, das nicht eins ist.* War es damals aufgefallen, dass sie, mehr oder weniger, die einzigen Frauen in diesem Verlagsprogramm waren? Ich erinnere mich nicht. Heute findet sich im Katalog von Merve *Die eindimensionale Frau* von Nina Pauer, etwas Julia Voss, Barbara Vinken, die so klug über Flaubert wie über Mode schreibt. Ob auch sie irgendwann verschwinden?

Jetzt, wo der Zorn einem amüsierten Staunen Platz macht, kommt die Frage auf, was das für ein Gefühl sein muss, so für die Buben, dass sie alles so unter sich abmachen. Ob es sich normal anfühlt? Oder als kleiner Triumph? So ein Premium-Member-Feeling? Wird es überhaupt bemerkt, dass Frauen fehlen?

Was lasen Frauen damals? Natürlich lasen auch sie ihren Baudrillard und Lacan und Foucault, Lévi-Strauss,

Barthes. Sie lasen Hannah Arendt, rezipierten Simone de Beauvoir, Élisabeth Badinter über das Konzept der Mutterschaft und Susan Sontag über Camp. Immer Joan Didion. Vergöttert: die deutschen Autorinnen Gisela von Wysocki und Silvia Bovenschen. Man folgte Kate Millett, natürlich Alice Schwarzer, Betty Friedan. Es fühlt sich jetzt ein wenig an, als habe man über Jahre in einer Parallelwelt gelebt. Die Diskurse mischten sich nicht.

Die Herren feierten derweil in kleiner Tafelrunde. Wie? Mit Zigarre und Brandy, will man dem Germanisten Uwe Pörksen glauben, der in seinem Buch *Camelot in Grunewald* eine launige Schilderung des deutschen Intellektuellen der achtziger Jahre gibt. Er beschreibt das erste Jahr des Wissenschaftskollegs in Berlin, das mit der Gründung im Jahre 1981 an die Exzellenz-Schmiede in Princeton anschließen wollte. Projekt: Avantgarde. Location: Grunewald. Im Clubraum der Villa, »hoheitsvoll groß«: Rektor Peter Wapnewski. Wapnewski lauscht den Ausführungen des Philosophen Ivan Illich, der von fulminantem Erfolg in Tokio berichtet, wo er wortgewaltig über das Schweigen sprach. Vor 15 000 Zuhörern! Die Historikerin Barbara Duden, Mitbegründerin der feministischen Zeitschrift *Courage*, wird mit einem Kuchen eingeführt, den sie für Ivan Illich backt. Bei Tisch treffen sich zum gelehrten Austausch die Fellows – 18 Fellows, eine Dame. Große Namen sind vertreten: Gershom Scholem, Wolf Lepenies, Rudolf zur Lippe. Es kommen schon Damen vor, Pörksen hat für sie sogar gesonderte Kapitel vorgesehen. Eines gilt der Haushälterin, ein anderes der Bibliothekarin: »überraschte durch ein in Schnitt und Farbkonstellation wechselndes, reizvolles Äußeres und gewann durch ihre Umgangsformen auch dann, wenn sie unterfordert wurde«. Und eines gilt der Soziologin Helga Nowotny.

Das Kapitel über Nowotny ist sehr amüsant. Nowotny hat ihren Hauptvortrag, das Herzstück der Tafelrunde, der Frage gewidmet: »Wie männlich ist die Wissenschaft?« Skandal! Ein Frauenthema! Was hat das mit Wissenschaft zu tun? »Infolgedessen hatten die weiteren Argumente bei uns männlichen Fellows nicht das Echo, das ihnen zukam«, schreibt Pörksen bedrückt. »Frau Nowotny, eine Schülerin von Norbert Elias, betonte die Möglichkeit der Blindheit ...« Mit Folgen: »Die Diskussion anlässlich unserer beiden Colloquien erfolgte in einer ungewöhnlich gespannten und vergleichsweise aggressiven Stimmung.«

Die elegante Nowotny, ein Bild zeigt sie in einem Kleid aus großkariertem Wollstoff, das in seiner Extravaganz an die Tweed-Kapriolen des Duke von Windsor erinnert, sie ließ sich nicht ihre Weiblichkeit nehmen und auch nicht abschrecken, in einer Abschlussstellungnahme die Einschätzung festzuschreiben, die beanspruchte »innovative Funktion« des Kollegs, der Anspruch von Avantgarde, seien unvereinbar mit der Atmosphäre eines »Männerclubs«.

Ja, sie sei damals wohl auf besondere Weise »als widerspenstiges Element wahrgenommen worden«, sagt Helga Nowotny heute auf Nachfrage. Natürlich sei das jetzt alles anders im Grunewald, wo sie noch gelegentlich und gerne zu Gast sei. Immer anregend. Unter den etwa 40 Fellows etwa die Hälfte Frauen, 2015/2016 sind es 21 Frauen und 27 Männer. Kinder sitzen heute mit am Tisch. Nein, sie habe sich nicht behindert gefühlt.

Nowotny, 78, Professor emerita der ETH Zürich, Gründungsmitglied des European Research Council, promoviert in Soziologie an der Columbia University New York und in Jura in Wien, ausländisches Mitglied der Königlichen Schwedischen Akademie der Wissenschaften, der Akademie der Wissenschaften von Uppsala, von Bergen, von Turin, Ehrendoktorwürden des Weizmann-Instituts Israel, der Lancaster-Universität Leuven, Großes Silbernes Ehrenzeichen für Verdienste um die Republik Österreich etc., sie sagt, sie habe diese Welt – sie nennt sie eine »Männerbundgemeinschaft« – einfach zurückgelassen. Anders als Dietz Bering, ehemaliger Grunewald-Ritter, der 2011 eine Geschichte über *Die Epoche der Intellektuellen. 1898–2001* vorlegte, 756 Seiten – geradezu leergefegt von Frauen. Man forscht und blättert, man landet im Verzeichnis aller Erwähnten, man findet: einen Adelbert, einen Richard, einen Hans. Christian, Jacob, Wolfgang. Jochen, Walter, Gert, Rudolf, Karl, Hermann, Helmut. Viktor. Herbert. Thomas. Odo. Henry. Rainer. Sighard, Nikolaus. Theo. Georg. Peter. Werner. Arnim. Wilhelm. Paul ...

Sie habe sich von dieser auf Exklusion bedachten Männerwelt nicht befreien müssen, sagt Nowotny. »Ich begegne ihr einfach nicht mehr, weil ich mich in einer Welt bewege, die anders ist.« Es habe etwas mit Internationalität zu tun. Klingt elegant, ist aber böse. Sie lässt unerwähnt, dass sich in den Rängen der Permanent Fellows im Grunewald heute fast die gleiche Konstellation von 1981 wiederholt: zwei Frauen und acht Männer. Man erwähnt es, es führt zu einem Lachen.

IMAGINE THERE'S
NO HEAVEN

Zeit für ein Geständnis. Ich dachte tatsächlich, alles würde immer besser, immer wunderbarer werden, in meinem Leben und für alle, vor allem für alle Frauen, ja, auch durch mich. Ein wenig.

Größenwahn. Geschenkt. Bisschen kindlich. Aber es war doch so schön, als man aufwuchs, hoffen zu können, man würde ein herrliches, neu entworfenes, ein neu zu erfindendes Leben haben. Glamourös wie der Afro von Angela Davis, der an meiner Wand hing. Unbeirrt wie Alexandra Kollontai, von der ich im Studium las, sexuell befreit. Bitte! Anders als meine Mutter jedenfalls.

Das war natürlich nicht originell. Alle wollten anders sein als ihre Mütter. Unsere Mütter übten mit ihren Töchtern ein Leben ein, das wir später ablehnen würden, nicht selten wild um uns schlagend. Sinnbild für dieses abgelehnte Leben ist ein kleines Requisit, das für mich ein großes Symbol für diese Art von Leben wurde. Eine Plastikharke in der Größe eines für Kinder hergestellten Mini-Besens, die sich im Putzschrank unseres Hauses in der kleinen Bundeshauptstadt Bonn befand. In Bonn regierte damals Bundeskanzler Adenauer, bei uns zu Hause regierte meine Mutter. Ihr Lebensstil war eines der ersten globalisierten Phänomene. Neulich erzählte Barbara, die in Chicago aufwuchs, von einem Utensil, in dem sich das

Leben ihrer Mutter zusammenfassen lasse – eine kleine Harke aus Plastik. Großes Hallo, und siehe da, es ist die gleiche Harke, mit der meine Mutter allmorgendlich Ordnung in ihr bürgerliches Vorort-Leben brachte. Sweet Suburbia für alle!

Jeden Morgen, nach dem Frühstück, wenn der Esstisch abgeräumt war, stand meine Mutter in der Tür mit einem Staubtuch und der kleinen Harke, und ich durfte sie auf ihrem vormittäglichen Lebensweg als Harkassistentin begleiten. Meine Mutter staubte die Möbel ab, die auch am Tag zuvor abgestaubt worden waren, und ich durfte mit der Harke die Teppichfransen harken, die auch am Tag zuvor geharkt worden waren. Unser Ziel war, wie es das Ziel aller Frauen in den fünfziger Jahren war, dass alle Möbel glänzten und alle Teppichfransen picobello eine neben der anderen lagen und nicht etwa verwuschelt waren. Verwuschelt und verwaschelt würden sich später als Symbol einer neuen Jugend erweisen, aber das wussten wir damals noch nicht. Gut geharkte Teppichfransen, aus der Stirn gekämmter Pony, hochgezogene Kniestrümpfe, geputzte Schuhe – es gab so viele Arten, wie das Leben damals auf Spur gebracht wurde, eine Spur des Lebens, die rechts und links ziemlich viel Leben unberücksichtigt ließ, und zurückschauen wollte schon gar niemand in diesen fünfziger, den Nachkriegsjahren.

Es dauerte lange, bis ich merkte, dass nicht nur meines, sondern auch das Leben meiner Mutter durch Harken ausgerichtet worden war. Als kleines Mädchen pflegte ich, in Ermangelung von Kinderbilderbüchern, in ihren Fotoalben zu blättern, ich vertiefte mich in die Betrach-

90

tung der handtellergroßen Fotos, die eine schlanke Frau auf hohen Absätzen in einem geschneiderten Kostümchen oder Mäntelchen zeigten, den Kopf schräg, wie um zu betonen, wie mutig das Hütchen sein musste, um sich oben auf den blonden Locken zu halten. Diese Frau, an der nur noch wenig an meine Mutter erinnerte, hing am Arm eines schnittigen Typen in Uniform. Die Kostümmodelle wechselten, die Gesichter der Typen in Uniform wechselten, es musste einen großen Vorrat an Kostümen und eleganten Männern gegeben haben. Dann, 1949, Hochzeit. Das Harken begann.

Meine Mutter hat eine kleine Kiste mit kleinen Kalendern hinterlassen. Es sind handtellergroße Kalenderlein in Leder bezogen mit einer Prägung von der Sparkasse, einige haben Goldschnitt. Wenn ich darüber nachdenke, wie sich das Leben der Frauen in dieser einen Generation, von meiner Mutter zu mir, wie es sich doch geändert hat, scheinen mir die Kalender meiner Mutter ein gutes Dokument für diesen Wandel zu sein. Fast alle Kalender haben Seiten mit sieben querlaufenden Spalten für sieben Wochentage. Diese Spalten sind so gut wie leer. Ab und zu Eintrag eines Geburtstages. Alle zwei Wochen, auf dem Mittwoch, Eintrag von zwei Worten: Große Wäsche. Kleine unbeschriebene Blätter, für jeden Tag, und jede Woche, und immer wieder: Große Wäsche.

Sie war stolz darauf gewesen, eine Ausbildung gehabt zu haben, es waren sogar zwei Ausbildungen. Sie war die Tochter eines Dachdeckers und wurde Versicherungskauffrau und hatte sich aus der Versicherung verabschiedet, um eine Gymnastikausbildung zu machen, bis zu ihrem

Tode hing ein Bild an ihrer Wand, das sie in weißen Shorts im Sprung über eine Düne zeigte, hoch in der Luft über dem hellen Sand, die Arme erhoben, sie nannte es »mein Möwenbild«. Den Beruf übte sie kaum aus, aber es ist seltsam, wie sich ihr Weg, der einer Handwerkerstochter, mit dem der reichsten Frau Deutschlands vergleicht, die erst vor kurzem verstorben ist. Johanna Bruhn, verehelichte Quandt, Tochter einer Akademikerfamilie, schon der Großvater ein Medizinprofessor. Sie machte eine Ausbildung als medizinisch-technische Assistentin, war dann Sekretärin, ging als Haushaltshilfe nach Detroit – hätte sie nicht Herbert Quandt geheiratet, wäre sie nicht die reichste Frau Deutschlands geworden. Meine Mutter heiratete einen Akademiker und blieb dann auch bei den Kindern zu Hause, ab und zu versuchte sie ohne Elan, unseren Plattfüßen mit ein wenig Fußgymnastik beizukommen.

Auch ich habe Kalender, ich habe, damit ich im Alter nicht in Versuchung komme, mir Illusionen zu machen, sie gleich in die Fotoalben meiner Kinder eingeklebt, es sind DIN-A4-große Pläne mit Spalten, Namen, Uhrzeiten versehen, auf denen in verschiedenen Farben der Leuchtmarker in Rosa, Hellblau und Zitronengelb gekennzeichnet ist, wann welches Kind an welchem Tag zu welcher Location zu bringen sei, es sind Pläne, die aussehen, als seien sie für das Krisenmanagement eines AKWs gedacht. Wie meine Kollegin Lina so treffend sagte: »Wir wollten alles, jetzt ist uns alles zu viel.«

Wir wollten anders sein als die Mütter, durchstarten im Beruf, wir wollten in wilden leidenschaftlichen Beziehungen leben. Wir wollten Kinder haben oder keine Kinder, wenn wir keine Kinder hatten, wollten wir die Welt umrunden auf der Suche nach Abenteuer, wenn wir Kinder hatten, sollten sie erfolgreich werden und glücklich. Wir wollten mit ihnen auf dem Teppich sitzen und spielen und gleichzeitig im Büro die Sache schmeißen, wir wollten, dass unsere Kinder die tollsten Kindergärten hatten, in denen wir gesundes Frühstück machten und den Sand in den Sandkisten austauschten und die Wände anmalten, wenn wir die Kindergärten nicht gleich selber gründeten und aufbauten und leiteten. Wir übernahmen in den Schulen die Fahrten zum Schwimmen und den Milchverkauf in den Pausen, wir managten die Theater-AG und schrieben für die Kinderschauspieler kleine Dramen oder paukten mit ihnen, was sie in Mathe schon wieder nicht verstanden hatten. Wir fuhren mit in die Freizeiten, um dort zu kochen, und backten Weihnachten in der Schulküche Plätzchen und nähten Vorhänge für die Klassenzimmer. Wir kauften Birkenstocks für kleine gesunde Füße, wir pürierten die Kinderkost und verboten Schulbrote mit Marmelade. Wir schleppten Sprudelkisten in die Schule, damit die Kinder auch nur genug zu trinken hatten. Wir zahlten die Nachhilfe, weil der Unterricht in den Schulen nicht ausreichte, unseren Kindern etwas beizubringen, wir fuhren sie zum Ballett und am Wochenende zu entlegenen Fußballfeldern. Wir organisierten Geburtstage mit zu vielen Gästen und produzierten Donauwelle und Spareribs und Hunderte von Geschenktütchen für die kleinen Gäste. Wir probierten die neue Frühjahrsküche und die neuen Obstkuchenrezepte und die neuen Weihnachtsdekorationsideen, wir bastelten

Geschenke für die Nachbarschaft. Wir bildeten Arbeitsgruppen für die Gestaltung des Einschulgottesdienstes und für die Autobefreiung von Wohnstraßen, auf denen wir Wohnstraßenfeste abhielten, zu denen Wimpelgirlanden genäht wurden und Broschüren gestaltet zur Geschichte der Straße. Meine Mutter, einmal zu Besuch an einem hektischen Weihnachten, kommentierte, was sie sah, mit den Worten: »Ihr macht das ja auf hohem Niveau.« Nichts davon ließ sich mit irgendwas vergleichen, was sich in ihrem Leben abgespielt hatte.

Wir hatten bei alldem nicht wirklich mitbekommen, dass wir auf der Karriereleiter nicht weiter hochgeklettert waren, mein Gott, wir hatten andere Sorgen. Ein Kuchen, der frisch gebacken in die Schule mitgebracht werden muss und eine Stunde im Ofen braucht, muss spätestens um halb sechs gerührt werden. Man hätte eine Hausfrau gebraucht, die einem den Rücken freigehalten hätte, aber welche Frau hat die schon?

Neulich saß ich neben zwei jungen Männern in der S-Bahn. War gar nicht so einfach, neben ihnen zu sitzen. Unter ihren dunklen Anzügen spielten die Muskeln, die Beinhaltung war breitgefächert, wie wir es früher in Gender-Seminaren diskutiert hatten, mit Hilfe der berühmten Bildsequenzen aus dem Frühwerk von Cindy Sherman, wo oben eine Reihe von Typen sitzt und unten eine Reihe Frauen, oben fläzen sich die Typen so hin, die Beine auf V gestellt, unter ihnen die Frauchen, zusammengepresste Oberschenkel, gleichzeitig Rücken angebeugt und Schultern hochgezogen, bei Sherman waren es natürlich alles Frauen, oben wie unten, alle waren sie selber, also Cindy

Sherman, die damit zeigte, dass wir alle wie die Typen können oder eben die typische Frau geben. Geschlecht als Inszenierung usw. Diese beiden Typen in der Bahn aber waren keine Inszenierung, sie waren echt, sie machten sich breitbeinig Platz, und ich passte gerade noch neben diesen strammen Max. Der Typ gegenüber hatte mit seiner Designer-Laptoptasche sein Territorium über den nächsten Sitz hinaus erweitert. Beide nahmen mich natürlich gar nicht wahr, wie ich mich so schmal hinsetzte, weil ich ja aus dem Beuteschema gefallen bin. Ehrlich gesagt, war ich das bei solchen Typen schon immer, weil zu wenig süß und zu wenig Busen und dann auch noch brünett. Wenn schon brünett, dann doch bitte so wie Charlotte Roche mit kleiner Spalte zwischen den oberen Schneidezähnen und darunter eine weiße Bluse mit Bubikragen, der Sexy-Schulmädchen-Look. Da saß ich in der Bahn unter meiner Vintage-Tarnkappe und lauschte.

Was war? Gute Stimmung war. In den sonnengebräunten Gesichtern der beiden klappten die Münder auf und zu und zeigten beim Lachen tadellose Gebisse. Unter Hunden wäre es Aggression gewesen, aber der Hund nahm die beiden nicht als Rüden wahr und hatte sich zu meinen Füßen entspannt zusammengerollt und schnorchelte. Sie klappten die Münder auf und zu und erzählten von den Ferien. Türkei. Superbillig. Maisonettewohnung über zwei Etagen, tolle Ferienanlage mit toller Kinderbetreuung. Natürlich will man auch mal was mit den Kindern machen, klaro. In den Ferien. Beidseitiges, sehr zustimmendes Lachen. Aber tatsächlich sieht man Lilly, oder war es Melanie, also sieht man die Frau sowieso kaum, weil der Laden so brummt. Da ist man in den Ferien auch mal gern ein paar Stunden zu zweit. Nicken. Beidseitig. Ja, war echt super, das Hotel und auch super Essen. Riesenbuffet. Der Strand. Lachen. Immer wieder Lachen, Mund auf, Sound raus, bisschen wie Bellen, also nicht ganz ohne Aggression.

Man hätte in diesem All-inclusive-Angebot auch vier Tage buchen können statt fünf, das wäre dann ein Tag der Hinflug gewesen, ein Tag der Rückflug. Zwei Tage am Pool ist immer toll, aber es ist doch wieder so eng getaktet. Fühlt sich dann fast an wie Alltag, oder? Gestern wieder um vier hoch, und das nach der Präsentation von vorgestern, wo ich es ihnen wirklich mal gezeigt habe. Also die haben geguckt bei meinem Vortrag, super Erfolg, aber dann eben am nächsten Morgen um vier raus und nach Kiel, und das nach einer Woche, in der keine Nacht mehr als vier Stunden Schlaf drin gewesen war, abends spät wieder zurück, die Kinder waren natürlich längst im Bett. Und Lilly (Melanie?) war mucksch. Gefällt ihr nicht, wie das läuft. Sagt ja nichts. Merkt man aber. Ja, is blöd. Lachen, beidseitig. Der andere sagt: Wie bei uns.

Also, sagt der andere, so ist es. Ich sag ihr immer, so ist es jetzt eben. Würde ja gerne auch mal was mit ihr machen, auch wenn ich da abends so spät komme, aber geht ja nicht. Es liegt nicht nur an mir. Sie gluckt ja noch. Versteh ich. Finde ich auch gut. Lässt niemanden an das Baby ran, Babysitter, nö, versteh ich ja, also höchstens ihre Mutter. Die ja leider zu weit weg wohnt. Also immer sie. Na, aber wenigstens deine Präsentation war toll, sagt der andere. Lachen. Nicken. Da hast du neue Maßstäbe gesetzt!

Lachen. Super Abschlüsse. Noch mehr Lachen. Das ist doch unterm Strich, was zählt. Genau. Handys raus.

Das war kein böses Stück von Sibylle Berg, sondern eine S-Bahn-Fahrt aus dem Hamburger Westen in die Innenstadt im Sommer des Jahres 2015, von einer 1A-Wohnlage in eine 1A-Business-Zone. Und wenn ich jetzt nicht mit Hilfe von Deepak Chopra und der kostenlosen 21-Tage-Meditation über die kunstvolle Übung des Loslassens üben würde, hätte ich mich aufgeregt, es kostete mich alle Beherrschung, die man in einem über sechzigjährigen Leben Gelegenheit hatte zu üben, um nicht vor Verzweiflung zu kreischen, wenn ich mir so was anhören muss. Immer die Gefahr, dass ich einen Kommentar abgebe. Die Kinder kennen das schon, »Mama, sag jetzt bitte, bitte nix!«, pflegten sie in solchen Situationen panisch zu flüstern.

Ich sag ja auch nix. Aber die Anstrengung. Ich meine, geht's noch? Ich blicke zurück auf ein halbes Jahrhundert familienpolitischer Diskussionen, aber was hat sich geändert? Nix. Sagen wir, zu wenig. Es war eigentlich das beherrschende politische Thema meines kleinen Lebens. Man dachte erst, das würde die atomare Aufrüstung sein, überall SS-20 und Interkontinentalraketen und dann Atomkraft. Später das Klima. Aber wirkliches Haareraufen und Schreien und Wüten, das war natürlich die Kinder-Familien-Diskussion. Für was?

Nun, im Vergleich zur Generation meiner Mutter haben jetzt 100 Prozent der Frauen, die Mütter und Hausfrauen werden, eine tolle Ausbildung. Für was? Entweder sie sind bei den Kleinen und hätten genauso gut alle Kindergärtnerin lernen können, oder sie rasen herum und machen dabei so viel oder so wenig *bella figura*, wie Herum-rasen erlaubt. Oder sie reihen sich unter die vielen Frauen, die keine Kinder haben und lieber kinderlos bleiben, weil sie gesehen haben, wohin das alles führen würde, zu einem herumrasenden Leben, also dann schon lieber ohne. Gibt es bei dieser Frage irgendwas in Deutschland, was »normal« wäre?

Das Stichwort zur deutschen Familienpolitik ist ja »Wahlmöglichkeit«. Der Ohrwurm. Ich finde, das trifft es auch. Sie haben die Wahl, Ihre wunderbare Ausbildung für einen wunderbaren Job zu nutzen, dann können Sie natürlich leider, leider keine Kinder haben, weil der wunderbare Job ja für Kinder keine Zeit lässt. Sagen wir: sehr wenig, also fast keine Zeit. Sie haben vielleicht trotzdem Kinder, aber sie werden schon sehen. Das ist kein Spaß. Schade. Alle finden es schade, dass es so schwierig ist. Haben Sie schon mal die Blogs gelesen? Es gibt jetzt Blogs zum Thema Regretting Motherhood. Wo Frauen sich auskotzen, wie schrecklich es ist mit Kindern, wie unerträglich. Und das, wo Kinder doch so viel Spaß machen sollten. Kinder hetzen statt Kinder genießen, will man das? Für die Kinder? Man stelle sich vor, man hat ein Kind, und das liest später im Netz, wie sich seine Mutter über die Schrecklichkeit ausgekotzt hat, mit diesem Kind, nämlich mit einem selber, zu leben. Wie sie es bedauert, dass es auf der Welt ist.

Oder Sie wählen die Option Nur Mutterschaft, dann können Sie natürlich Ihren Job leider nicht machen, aber sind Kinder nicht auch wunderbar? Okay, auf Regretting Motherhood finden sich auch viele Mütter, die nur Mutter

sind. Alles aufgegeben haben. Aus Liebe! Doch. Vorausset-
zung ist natürlich, Sie haben den Mann, der so viel verdient, dass Sie die Wahlfreiheit (s. o.) haben, wie viel Haus-
frau-Mutter-Sein und wie viele Stunden in der Woche es
denn sein sollen. Das ist jetzt nichts, wovon Sie leben könnten, die allermeisten deutschen Frauen können ja von ihrem
Job nicht leben, nicht die Frauen, die Kinder haben. Wie ja
auch die Kitas von dem Geld, das wir für sie haben, nicht
gut rumkommen. Es fehlen im System gut 5 Milliarden Euro, schreibt die Journalistin Constanze von Bullion. Peanuts
im Vergleich zu den über 200 Milliarden für die griechi-
schen beziehungsweise deutschen Banken – nun ja.

Ich lese in der Zeitung, dass es so intern im Netz Lis-
ten fauler Abgeordneter gibt und obendrauf die Parla-
mentarierinnen mit Kindern landen. Eine Gruppe von
Abgeordneten hat sich jetzt zusammengeschlossen, um
familiengerechte Arbeitszeiten in der Politik zu fordern –
die Aktionsgruppe umfasst vierzig Frauen und einen einzigen Mann. Ist das nun ein Fortschritt? Ein Mann, auf
der Frauenseite? Müsste man sich um ihn kümmern? Ich
bin zu alt, um das zu entscheiden. Ich versuche Haltung
zu bewahren. Man hat von etwas geträumt, aber es ist
einfach nicht Wirklichkeit geworden.

»Imagine there's no heaven / It's easy if you try / No
hell below us / Above us only sky / Imagine all the people
/ Living for today …« Das war jetzt John Lennon. Old
style. Leider tot. Ich folge aber Yoko Ono auf Twitter, der
übrigens auch John Rusbridger folgt, der Chefredakteur
vom *Guardian* war und jetzt Rentner ist und viel Klavier
spielt, und natürlich die schöne Tilda Swinton, die ja auch

schon 55 Jahre alt ist. Yoko Ono zwitschert jeden Tag die hoffnungsvollsten Botschaften in die Welt. »Dream love dream come true.« Yoko sieht auf dem neuen Profilbild mit dem schwarzen Zylinder und dem schwarzen Jackett ein wenig aus wie der Mad Hatter in *Alice in Wonderland*. Vermutlich sieht man alles positiv, wenn man nur alt genug wird und ein wenig vergisst, was man alles so wollte, und ist nur noch vergnügt – und sei es nur ein bisschen gespielt.

BIRKENSTOCK
UND ANDERE
MISSVERSTÄNDNISSE

Man sieht eine junge Frau. Sie löst sich aus einem weit zu-
rückliegenden Hintergrund heraus und kommt nach vorne, sie bewegt sich wie in Trance durch Zeit und Raum –
und dann, wenn sie fast vorne ist, zum Greifen nahe, löst
sie sich auf, wird zurückgesaugt und verschwindet wieder
im Hintergrund – fast, aber nicht ganz. Weil sie sich sofort wieder aufmacht, wieder nach vorne kommt, um wieder, wenn sie es fast geschafft hat, wie willenlos zurückge-
zogen zu werden. Es ist ein Endlosloop der Vergeblichkeit,
den die Choreographin Sasha Waltz geschaffen hat über
eine, die nach vorne strebt, aber nicht kann. Sie versucht
es wieder, und wieder ist es vergeblich. Man bewundert
sie und möchte fast, dass sie aufhört mit dieser Vergeblichkeit. Man bedauert sie, aber sieht doch, welche Kraft
sie hat, wie viel Wille darin liegt, es wieder zu versuchen
und nach vorne zu kommen.

Wer ist sie? Eine Träumende? Eine Schlafwandlerin?
Eine Frau, ihrer Zukunft gegenüber unschlüssig? Gibt es
in diesem Hintergrund etwas, was sie zurückgelassen hat,
das sie mit unsichtbaren Bändern hält? Vergangenheit?
Liebhaber? Alte Versprechen? Kinder? Was ist ihre Sehnsucht, wo will sie hin? Was sieht sie vor sich? Dieses Video
von Sasha Waltz aus der Inszenierung »NoBody« (2010)

ist schön und träumerisch, ergreifend und zugleich bestürzend, in seiner Geste der ewigen nutzlosen Wiederholung von Aufbruch.

Wie das eigene Leben in der eigenen Zeit liegt, ist manchmal schwer zu verstehen. Man ist verfangen in seinen Träumen und in dem Ringen mit dem Alltäglichen, verheddert sich im Gestrüpp zwischen den großen Entwürfen und den Banalitäten des Seins. Wie viel man doch wollte – für sich und gleich mal für alle, für alle Frauen und alle Männer, man kleckert ja nicht, damals, in diesen revolutionären Jahren, in die man, welch ein Glück, hineingeboren wurde und in denen die Geschlechterfrage nun endgültig gelöst werden sollte, wie es schon Olympe de Gouges 1791 mit ihrem Aufbruchspamphlet für die Revolution davor gewollt hatte, in der *Déclaration des Droits de la Femme et de la Citoyenne*, die damals, in unserer Revolution, auch schon eineinhalb Jahrhunderte zurücklag, unerledigt.

Jetzt schaut man zurück und sieht, wie weit der Weg doch war. Man denkt daran, wie man die ersten Male mit Männern ausging und sie einen an die Wand knallten und den Rock hochschoben, gegen Widerstand, und das war eben so mit Männern, das wussten schon kleine Mädchen. Standen klein daneben, wenn hämisch gezischelt wurde, dass die Tochter der Nachbarin heiraten musste im Empire-Brautkleid, um »das Bäuchlein« zu kaschieren. Man denkt an Evi und Monika, die nach Amsterdam fuhren, nicht zum Kiffen, sondern um etwas »wegmachen« zu lassen, etwas, von dem sie annahmen, dass es ihnen nie erlauben würde, ein Leben zu führen, wie sie es ersehnten, frei und unabhängig.

Etwa um dieselbe Zeit, als ich klein war und das Zischeln hörte, hatte sich Yoko Ono im weit entfernten Japan etwas einfallen lassen, sie hatte in Szene gesetzt, was es bedeutet, im Jahre 1958 eine Frau und begehrt zu sein. »Cutting Piece«, Performance, Kyoto. Yoko Ono sitzt im schwarzen Kleid auf der Bühne, die Beine brav nach links, sie bittet die Zuschauer, eine große Schere in die Hand zu nehmen und sich einen Fetzen von ihrem Kleid abzuschneiden. Junge Männer nähern sich. Auch mal eine Frau. Meistens Männer. Schnipp, schnapp. Bleiche Haut wird freigelegt. Man sieht einen weißen BH, ein Mann sucht sich die Träger aus, ein scharfes Geräusch, und sie, die ganz stillgehalten hatte, die nur ein oder zwei Mal tief durchatmete, Yoko Ono reißt die Hände hoch, vor die entblößten Brüste.

Yoko Ono hatte eine Frau gezeigt, die Objekt ist – und sich angeboten hatte, ein Objekt zu sein. Ein Opfer, das erduldet, was es sich ausgedacht hat. Sie hatte diesen ganzen Knoten geschürt, in dem sich Begehren und Anbieten, Erdulden und Leiden, Opfer-Sein und Nicht-Opfer-sein-Wollen eng verschränken. Die Kunst geht uns voraus oder begleitet uns mit seismographischer Nervosität und bildet etwas ab, von dem man selber vielleicht nichts weiß und dann mitgerissen wird, ohne es bewusst zu erleben, was einem passiert, auch wenn man so eine Empfindung dafür hat.

Die große Ausstellung zur »Feministischen Avantgarde der 1970er Jahre« erlaubt wie in einem Loop, der weit in die Vergangenheit zurückführt, noch einmal zu erfahren, was sich damals an Bewusstsein verdichtete. Die Ausstellung ist ein Projekt der Wiener »Sammlung Verbund«, das zehn Jahre der Vorbereitung brauchte, 500 Werke von 34 Künstlerinnen versammelt und 2010 erstmals zeigte. Sie war schon in Rom, in Madrid, im Palais des Beaux Arts in Brüssel, sie war im Frühjahr 2015 in Hamburg, von wo aus sich das Projekt verzweigt und in Ausstellungen in London und Wien und Brünn in der Tschechischen Republik mündet und für das Jahr 2018 das Stavanger Kunstmuseum in Norwegen ansteuert. In einer überwältigenden Vielfalt und zum ersten Mal wird in dieser Ausstellung gezeigt, wie Künstlerinnen das Weibliche in der Moderne durchdrungen haben.

Man geht durch diese Ausstellung und blickt auf die Fotografien und Videopräsentationen, die Collagen und Zeichnungen und Bilder und spürt, wie sehr man vergessen hat, wie schmerzlich diese frühen Jahre doch waren. Man hatte es ein bisschen vergessen, mit welchem Gefühl doch viele Frauen in den sogenannten wilden achtundsechziger Jahren auf ihr Leben schauten, wie bang auf das, was sie als Zukunft vor sich sahen. Mit welchem Witz, mit wie viel Biss die Künstlerinnen das gestalteten.

Eine Frau, an ein Küchengestell geschnallt. Wie eine große Schürze trägt sie eine Art von Herd vor sich her, zwei Platten, die Ofentür vor ihrem Bauch steht offen, darin liegt etwas. Birgit Jürgenssen, Hausfrauen-Küchenschürze, 1975.

Eine Tapete, die aufplatzt und den nackten Körper einer Frau in Fragmenten freigibt. Francesca Woodman, Space 2, 1975–1978.

Eine Frau, verkleidet als Hochzeitstorte, aus der ein großes Stück geschnitten ist und so ihre Scham freilegt, Penny
Slinger, Wedding Invitation 1973/UCU, Eye see You, I see
you 1973.

Ein langer Gang, in dem eine Frau kniet und mit Hingabe – oder ist es Verzweiflung? – den Fußboden bügelt.
Renate Eisenegger, Hochhaus 1974.

Glasscheiben, an denen sich ein Gesicht platt drückt, Glasscheiben, an denen eine Nase so hart aufliegt, dass sie
sich verformt. Nackte Körper, in die Fäden schneiden. Im
Schlamm vergrabene Körper. Ein weiblicher Akt, Frau mit
einem riesigen, erigierten, von Adern umzogenen Penis.

Wie viel Drohung da war. Und immer Angst, in eine Enge
getrieben zu werden, in die Rolle eines repräsentativen
Objektes, eines Lustobjektes oder Putzfrau, Haushälterin,
Köchin oder Kindermädchen. Wie viel Courage!
    Die österreichische Künstlerin Valie Export drängelt
sich in einer Kinoreihe an Menschen vorbei und trägt dazu eine Hose, deren Schritt herausgeschnitten ist. Haut, in
die ein Strumpfhalter tätowiert ist. Ein Teppichmesser,
das Nagelhaut absäbelt. »Wenn ich mir selbst Schmerz
zufüge und mich das vor der Angst vor Schmerz befreit,
dann ist Schmerz okay«, zitiert die Künstlerin Marina
Abramovic die Künstlerin Valie Export, die ihr Werk be-
fruchtet hat – hier zitiert nach einem schönen Valie-Ex-
port-Filmporträt von Claudia Müller. Efriede Jelinek sagt
in diesem Film über Valie Export: »Eigentlich gehört die-

ses Werk, wie überhaupt die Werke von Frauen, die nicht mit Schmutzentfernung, Pflege oder Reproduktion zu tun haben, in einen Untergrund, eben diesen clandestinen Strom, der sich – träge meist – unter der herkömmlichen Geschichtsschreibung dahinwälzt.«

Wie lange es dauerte, bis Frauen Kunst machen konnten – sie waren ja seit Jahrhunderten vor allem Dargestellte in der Kunst, Modelle und Musen, von denen der Kulturtheoretiker Egon Friedell einmal schrieb, sie dienten den Herren »als nichts anderes als zufällige Anregungsmittel, die er geschickt benützt, um durch sie seinen geistigen Stoffwechsel zu steigern, vorübergehender Zündstoff, den er verbrennt, um durch ihn sein eigenes Feuer zu nähren … Sie sind für ihn dasselbe wie Alkohol, Nikotin, schwarzer Kaffee.«*

Beflügelt von neuen Medien und Formen, vom Film, der Fotografie, in der Installation oder in Happenings, finden Frauen zu ihrem eigenen Ausdruck. Wie schön es gewesen wäre, man hätte davon gewusst. Aber ich war ja noch auf der Schule. Auf der Uni war die Frauenfrage maximal ein Nebenwiderspruch. Es dauerte Jahre, bis sich die Gedanken entwickelten, an denen man dann doch das Leben ausrichten konnte. Feminismus aber war und blieb ein ungeliebtes Wort. Noch heute gibt es nicht eine, die in der Politik wäre und es wagte, sich Feministin zu nennen.

Heute wird der Feminismus ja zugleich gerade wieder ein bisschen neu erfunden, das Zauberwort heißt Laurie Penny. Eine junge Frau, die mit 28 Jahren in ihrer Londo-

---

* Dieter Leupold et al., *Wally Neuzil. Ihr Leben mit Egon Schiele*, Wien 2015, S. 44

ner WG saß und ein Buch in den Laptop hackte – über *Unsagbare Dinge*. Was könnte im Jahre 2014 wohl unsagbar sein? Der Untertitel sagt es dann doch: *Sex, Lügen und Revolution*. Soundcheck: »Unser Zorn ist furchterregend ... Wir wissen, wenn er sich je Bahn brechen sollte, werden wir womöglich verletzt, oder, schlimmer noch, verlassen – ein zuverlässiges Maß für soziale Privilegiertheit ist, wie viel Zorn man äußern kann, ohne einen Rauswurf, Verhaftung oder soziale Ächtung fürchten zu müssen. Deshalb schlucken wir unseren Zorn hinunter, bis er wie verdorbenes Essen in uns gärt und uns krank macht.«

Hey, hey, möchte man beschwichtigend sagen, Wut okay, aber hatte nicht Yoko Ono schon die Soundpalette des Feminismus angereichert, durch heftiges, tiefes Atmen, Aufseufzen, freches Zirpen, lautes Gekreische, ohrenbetäubendes Flüstern? Egal. Man soll ja nicht die Mutti geben.

Laurie Penny, sagt der Klappentext, habe ihre Jugend im Internet verbracht. Offensichtlich in großer Gesellschaft! 112 000 Follower, bei 28 100 Tweets. Ms Penny hat in Oxford das Wadham College besucht, das auch ich in meinen jungen Jahren oft besucht habe, genauer gesagt, habe ich dort meinen Freund besucht, der in Wadham war. Beim Thema Oxford kann man gut sehen, dass es doch ein bisschen Fortschritt gibt. Frauen waren damals im Wadham College nur als Gast zugelassen und nur zu bestimmten Tageszeiten. Wer weiblich war und nicht zwei Stunden vor Mitternacht das College verlassen hatte, war gezwungen, gleich die ganze Nacht dazubleiben, also heimlich, ein Reglement, das geradezu zum Geschlechtsverkehr nötigte. Wenn man zwischen Mitternacht und acht Uhr noch mal für kleine Studentinnen musste, war man gezwungen, ins Waschbecken zu pinkeln. Sorry, klingt stillos, war aber so. Ich freue mich für Laurie Penny, dass sie dort ein eigenes Zimmer hatte und vermutlich freien Zugang zu den Toiletten. Laurie Penny erscheint mir geradezu als Wiedergängerin. Im Stil von: »Dieses Buch ist für die Unsäglichen, die Unnatürlichen, die, die andre verschrecken … Die schräg sind und immer zu viel wollen.« Sind wir das nicht alle? Laurie Penny hat im Visier: die Vergewaltigungskultur. Das öffentliche Bloßstellen sogenannter Schlampen (»slut slamming«). Grobe Frauenfeindlichkeit. Sexuelle Gewalt. Man ist versucht zu sagen: Und? Alternativ: Ja? Dann merkt man, und ist verstimmt, es geht auch gegen die Muttis – ihre angeblichen »Jahrzehnte des zaghaften Sichfügens«.

Man fragt sich, ob Laurie Penny alt genug ist, um Jahrzehnte im Blick zu haben. Oder klug genug, das Jahrhundert zu sehen, in dem etwa das Wahlrecht, das Recht zu arbeiten, das Recht auf Abtreibung, auf Gleichbehandlung, auf freie Sexualität und was es noch alles an schönen Themen gibt, erkämpft wurden. Und die Maßnahmen der Ladys damals waren ja nicht zimperlich. Als kleine Nachhilfe-Geste: Es war ebenfalls in London, Ms Penny, vor etwa hundert Jahren, dass die Suffragette Emily Davison am 4. Juni 1913 beim Derby versuchte, einem herangaloppierenden Pferd ein Banner anzuheften, das auf die Situation der Frauen aufmerksam machen sollte, und dabei, obwohl sie diesen Vorgang fleißig geübt hatte, unter die Hufe kam und tödlich verwundet wurde. Davison war übrigens wie Penny in Oxford Studentin, aber an St. Hugh's, ein College nur für Mädchen, Wadham war da ja noch für Mädchen verboten, wie die meisten Jahrhunderte seit seiner Gründung im Jahre 1602.

Es ist jedenfalls sehr schön, dass der Feminismus wieder so total in, ja geradezu *fashionable* ist. Im letzten Jahr erschien ein kleiner Band, weißes Leinen: *Wenn Männer mir die Welt erklären* von Rebecca Solnit, die sich als Autorin, Historikerin und Aktivistin beschreibt, sie schreibt wie Laurie Penny mit irrer Wut, aber auch mit Ironie über den sogenannten Fortschritt des Feminismus: »Eine Frau geht eine tausend Kilometer lange Straße entlang. Eine Viertelstunde nachdem sie losgelaufen ist, wird verkündet, sie habe noch neunhundertneunundneunzig Kilometer vor sich und werde ihr Ziel nie erreichen.« Rebecca Solnit ist 54 Jahre alt, nicht ein Mal habe ich in diesem Zusammenhang das Wort von der »Alt-Feministin« gelesen, wenn das kein kleiner, schöner Fortschritt auf dieser langen Strecke ist, wenn auch vielleicht nur der Tatsache geschuldet, dass Rebecca Solnit in Kalifornien lebt und immer von goldenem Licht überhaucht ist.

In Afrika stand neulich die nigerianische Schriftstellerin Chimamanda Ngozi Adichie, 39 Jahre jung, in ihrer hautengen Schößchenbluse aus afrikanischem Print und einer ebenso engen pinken Hose auf einem Podium, um die berühmte TED-Vorlesung zu geben zum Thema: »Wir sollten alle Feministen sein«. Adichie war witzig, artikuliert und vehement. Sie sagte, während sich auf ihrem Kopf rötlich getönte Zöpfe zu einer Skulptur hoch auftürmten, mit ihrem typischen Spott: »Ich habe mich entschlossen, eine glückliche Feministin zu sein, die Männer nicht hasst und die Lipgloss trägt und High Heels für sich selbst und nicht für Männer« – zwei Millionen Aufrufe auf You-Tube.

Auf YouTube gucke ich mir auch gerne den Auftritt von Emma Watson vor den Vereinten Nationen in New York an. Sie steht da, dieses clevere Harry-Potter-Girl, nun aber als UN-Botschafterin für die Sache der Frauen, sie steht da sehr *petite*, sehr schön in einem weißen Mantel, der von einem schmalen Silbergürtel gehalten wird, die Stimme ist zittrig, aber im Ton entschieden, sie sagt: »Wenn ich etwas weiß, dann ist es das: dass es aufhören muss, Feministinnen anzuklagen, dass sie angeblich Männer hassen. Die Definition von Feminismus ist: gleiche Rechte. Es ist eine Theorie von der politischen, ökonomischen und sozialen Gleichheit der Geschlechter … Es gibt bisher kein Land der Erde, das gleiche Rechte für Frauen bietet. Wenn Sie also das Wort Feminist hassen, sollten Sie besser das hassen, wogegen es sich wendet.«

Ich muss gestehen, ich kann das kaum sehen, ohne dass mir Tränen kommen. Vielleicht, weil Emma Watson, die sich in ihrer Rolle als Hermine an der Seite von Harry Potter so unerschrocken dem Bösen entgegenschmiss, dem, »dessen Name nicht genannt werden darf«, jetzt aber, im wirklichen Leben, doch ein wenig in die Knie geht unter der Rolle, die sie sich selbst auferlegt hat, nämlich für diese Frauensache in den Ring zu steigen. Dass man dazu also noch Mut braucht. Ein bisschen weine ich auch, weil es im Leben immer zu einer guten Nachricht auch eine schlechte gibt, sie lautet, es gibt einen neuen Antifeminismus.

Eine Journalistin, Ronja Larissa von Rönne, sie wurde schon erwähnt, schrieb sich neulich mit einem Artikel zum Thema »Warum mich der Feminismus anekelt« in die Twitter- und Facebook-Welt. Tolles Stück. Ein Bonmot nach dem anderen. Im frechen Stile von »In einem Land, in dem der mächtigste Mensch eine Vagina hat, wird ›Frauenquote‹ für mich immer ein bisschen wie Vorteilsbeschaffung riechen«. Zwischentitel wie »Netzfeminismus: die gestörte Tochter des Birkenstock-Feminismus«. Birkenstock! Da braucht es natürlich wenige Zeilen, und man fragt sich unruhig, wo bleibt denn hier die Latzhose, dieses so *over*-bemühte Symbol für den ach so öden Feminismus?

Die Fakten. Rein stilistisch betrachtet ist es geradezu unmöglich, ohne Latzhosen/Birkenstocks durch diesen anstehenden Sommer zu kommen. In der neuen Kollektion von Stella McCartney gibt es jetzt sogar eine Variation von Latzhose als Latz-Trägerkleid (625,– €) mit passender Fransentasche (1110,– €). Overalls sind so angesagt, dass die Overalls für den kommenden Sommer schon im Schaufenster erschienen, bevor es in diesem Winter auch nur geschneit hat. Eigentlich kommt man gar nicht durch die Sommer, also den letzten Sommer und den kommenden, ohne Latzhose und Overall. Models rund um die Prince Street in Manhattan rennen einander aus Versehen über den Haufen, weil sie Ausschau halten, ob Bill Cunningham, der Street-Style-Fotograf der *New York Times*, vielleicht auf seinem Fahrrad gerade um die Ecke biegt und jetzt endlich mal ein Foto von ihnen in diesem Overall/Latzhose-Styling macht. Das dazu.

Was Birkenstocks angeht – die sind gerade so angesagt, dass die Japanerinnen gleich vom Flughafen mit leeren Rollkoffern bei Birkenstock vorfahren. Mein Lieblingsmodell – Gizeh in Silber – ist deshalb nach Weihnachten meist weg. Obwohl Gizeh wegen der Zehenhalterung für Socken ungeeignet ist. Birkenstocks werden wie Aldinetten gerne mit heftigen Socken gestylt, aus dem Skaterbedarf. Wer Adressen braucht – gerne.

Ich selber habe mir gerade, nach einem gänzlich overall- und latzhosenfreien Leben (also nach etwa dreißig Jahren), eine Latzhose gekauft. Ich style sie zu den blau-weiß gestreiften Bretagne-Shirts. Falls es jemanden beunruhigt, ich trage das im Garten, und es sieht sehr frisch aus. Ja, es erinnert mich an früher, und das ist schön.

Es geht also voran und immer auch ein bisschen zurück. Die Bilder der wichtigen politischen Konferenzen unserer Zeit zeigen wie eh und je eine Horde von Pinguinen, immer ist einer darunter, der hört auf Angela. Der Angela trägt Türkis oder Rosa. Gibt es Fortschritt nur in der Währung ein Angela? Die Frage ist: Warum das so schwierig ist, ein zweites Angela.

Die Antwort darauf könnte schmerzhaft ausfallen. Vielleicht ist es ja doch ein wenig »Die Feigheit der Frauen«, wie Basha Mika schrieb, die erste Frau an der Spitze der *taz*-Redaktion und heute Chefredakteurin der *Frankfurter Rundschau*, und die in ihrem Buch wütend erläutert, wie viele Frauen sich dann doch mit halbtägigen, nicht so ermüdenden Jobs durchwursteln. Oder zu wenig Selbstbewusstsein, wie Sheryl Sandberg, Geschäftsführerin von Google, in ihrem Buch *Frauen und der Wille zum Erfolg* schrieb?

Im Ernst: Hätten alle erste Frauen wie Basha Mika oder Sheryl Sandberg oder Angela Merkel, oder wer auch immer unter die erfolgreichen »ersten Frauen« geraten ist, sich vorgenommen, Frauen nachzuziehen, so wie Männer über Jahrhunderte Männerseilschaften pflegten, dann wäre die Frauenfrage natürlich längst erledigt. Wir kommen zum Thema der Frauensolidarität.

Hier muss man kurz Mahatma Gandhi zitieren. Als Gandhi einmal gefragt wurde, was er von der westlichen Zivilisation halte, soll er gesagt haben: »Westliche Zivilisation?! Wäre eine prima Idee!« Very Gandhi. Übersetzt: »Frauensolidarität? Wäre einfach zu schön!«

Man könnte jetzt etwas über Zickenkriege, Schnepfenschnattern oder sehr ernsthaft über weiblichen Narzissmus schreiben, über Frauen, wie schnell sie immer beste Freundinnen sind, wie schnell ihnen etwas dazwischenkommt, ein Mann oder die Karriere – aber will man das? Ach, das sollen jetzt mal die neuen Feministinnen machen. Als kleine Stilübung.

TASTEND
VORAUS

ICH ALS
STYLINGOBJEKT

Morgens halte ich die Yoga-Positionen jetzt extra lange. Kobra machen und bis zehn zählen – das soll das Bindegewebe kräftigen. Mein Bindegewebe hat es bitter nötig, wie schlecht das Bindegewebe der Familie ausfällt, wurde schon über meiner Wiege geflüstert. Opa zog mit Krampfadern in den Ersten Weltkrieg, als er zurückkam, kriegte er eine Thrombose im Bein, die eine Embolie zur Folge hatte – er überlebte, aber knapper als im Schützengraben in Frankreich.

Tatsächlich hatte ich nie Gelegenheit, die nackten Beine meines Opas zu betrachten. Es waren nicht die Zeiten, wo die Erwachsenen den Kindern ihre Nacktheit andienten. Aber meine eigenen Beine habe ich natürlich von klein auf beäugt, mit diesem Sieht-man-schon-was-Auge. Fotos zeigen mich als Dreijährige in einer Strandburg in Holland, ein Bein auf dem dicken Zeh abgestützt, das Knie nach innen verdreht, der sorgenvolle Blick geht auf die zarte Rückseite der Kniekehle. Mit drei wusste ich, dass man es da zuerst sieht. Aber ich sah nix, noch nicht mit drei, vielleicht, so die Hoffnung, schaffte man es sogar bis zum Abi ohne größere Abnutzungserscheinungen. Aber dann. Spätestens, wenn man die Zwanziger hinter sich gelassen hätte, konnte es natürlich schnell gehen. Gefühlsmäßig betrachtet sind die aufgeschlagenen Knie kaum verschorft, die kraterigen Pickel der Pubertät notdürftig vernarbt – schon zeigen sich Dellen hier und Beulen dort, kleine blaue Ästlein erscheinen, die sich zunächst harmlos tuend um die Schenkel schlingen, und irgendwann ist es dann knapp vor dem Rosenranken-Tattoo, das mir mal eine Rockerbraut in der Kneipe am Thompson Square im East Village zeigte, in diesem verrauchten Schuppen, wo die Vintage-Fotos hängen von den New York Dolls und Iggy Pop und seinen schweißtriefenden Unterarmen, auf denen die Adern wie Schlangen stehen. Eindrucksvoll, wenn auch nicht so hübsch wie die Rosenranken-Tattoos, aber doch besser als Krampfadern.

Meine Krampfadern habe ich mir irgendwann, ritsch-ratsch, herausnehmen lassen. Wie Anna, die im Alter von fünfzig Jahren auch mal Mini tragen wollte, wenigstens auf Amrum. Das ist nichts gegen den Schönheitsoperations-wahn, der auch nicht vor Ländern Halt macht, in denen die meisten Frauen unter einer Burka stecken. Auch für sie gilt: Nase richten, den Arsch rund trainieren, die Fußnägel immer frisch lackiert halten – das Styling-Programm ist dicht gesteckt, viel Zeit bleibt ja womöglich nicht für die Selbstoptimierung, gerade jetzt, wo man das Ende vor sich sieht. Dr. Margot Käßmann, Botschafterin der evangelischen Kirche für das Reformationsjubiläum 2017, beschwört die jugendlichen Hände ihrer 91 Jahre alten Mutter auf dem Totenbett. Nun ja. Wer weiß, wie und was sie gecremt hat. Es ist jedenfalls offensichtlich, dass Frau Dr. Margot ihr Bild zu ihrer Kolumne auch nicht komplett der Natur überlassen hat, man weiß jedenfalls, dass es Programme dazu gibt, die Photoshop heißen, und nichts mehr dem Zufall, also der Natur überlassen werden muss oder sollte. Das jedenfalls ist kaum noch zu unterscheiden.

Die Wartungsarbeiten nehmen im Alter zu, selbst für die Fotos, und das Alter beginnt, wie gesagt, in jungen Jahren, die Reparaturen sind dann immer öfter fällig, dauern länger, nur Schamhaar wächst langsamer im Alter. Dies als gute Nachricht für alle, die auf Waxing stehen. Neulich erklärte Caroline, sie überlege jetzt doch, sich ein Intim-Tattoo zuzulegen, nun, wo das Schamhaar so schütter werde und auch ein wenig ausgebleicht wirke, warum nicht umschalten und volle Kraft voraus?

Was also ist zu tun? Jeden Morgen nimmt man jetzt das Serum, zur Sicherheit auch abends. Ob es das richtige ist? Das mit Soja? Doch das mit Collagen? Oder Aktiv-Perlen? Darüber CC-Cream? Mein Nivea-Serum kostet schlappe 13 Euro, es gibt natürlich Serum für Hunderte von Euro, man fühlt sich ertappt, dass man sich selbst gegenüber knickerig ist. Und das gerade jetzt, wo es angesagt wäre, sich etwas zu gönnen. Sonja sagt, unter 10 Prozent Hyaluron sei sowieso alles Quatsch, das habe ihr die Kosmetikerfreundin gesteckt. Nacktmulle, solche Nachrichten übersieht man zu leicht, sie finden sich aber auf den Wissen-Seiten von seriösen Tageszeitungen, Nacktmulle haben besonders viel Hyaluron, auf dem sie durch den Garten schmieren können, als positiver Nebeneffekt (wenn auch nicht für zarte Hostas, austreibenden Rittersporn oder Salat) kann verbucht werden, für Nacktmulle jedenfalls: kein Krebs. Dafür aber eben Nacktmull-Erscheinung. Man möchte bäh sagen und ihnen die Zunge rausstrecken, würde das nicht auch ein wenig nacktmullig wirken.

Gelegentlich, morgens, schaue ich nun einmal öfter in den Spiegel und finde, dass sich der Nacktmull nicht nur beim Hyaluron-Gehalt, sondern auch in meinem Haushalt schon weit vorangekrochen hat. Ich will jetzt nicht ins Detail gehen, wie ich nach einem üppigen Abendessen aussehe oder mich fühle, wenn ich nach zu vielen Gläsern und auf zu hohen Schuhen zu später Stunde nach Hause gestöckelt bin. Sagen wir: Morgens fällt es mir am ehesten auf, wie ich aussehe. Wie? Ich zitiere aus Selbstschutz jetzt mal lieber die Autorin Keto von Waberer, die sich wie ich mit ihrem Morgengesicht rumschlägt. »Ich schaue es an wie ein Käufer, kalt, abschätzend, wie sieht es aus? Wie hat es diese Nacht überstanden? Was muss ich tun, um es dem Tag zu zeigen? Mein Gesicht kennt diesen Blick, versucht rührend, sich von der besten Seite zu zeigen, öffnet die Augen weit, hebt das Kinn, spitzt die Lippen. Niemand darf mir dabei zusehen. An manchen Tagen gebe ich es auf. Wasche es, wie man einen Teller wäscht …«

Natürlich schlägt in dieser Lebensphase auch die Stunde der Fundis. Am Bio-Stand liegt ein *Demeter Journal* aus, in dem eine Dame aus der Naturkosmetik-Branche fromme Sprüche klopft im Stile von »Happy Aging«. Es sei heutzutage geboten, eine ernste Warnung vor einer »überpflegten Haut« auszugeben und Appelle an ein Grundvertrauen, das man der eigenen Haut entgegenbringen solle – »Make-up kann immer nur das eine, so tun, als ob …«. Wer lerne, zu sich selbst zu stehen, habe die besten Voraussetzungen für ein Altern im Einklang mit sich selbst. Amen! Also, letzten Sommer habe ich über

WhatsApp ein Foto von meinem nur frisch wie einen Teller abgewaschenen Gesicht an Freunde gesimst, die nachmittags als Gäste erwartet wurden, und dazugeschrieben: »Also, Patti ist schon da.« Fand ich lustig, den Vergleich mit Patti Smith, die ja nach zu viel Rimbaud und Mapplethorpe und sehr viel Leben wie die wettergeschleuderte Galionsfigur eines Schiffes aussieht – aber, ich kann nur warnen vor so viel Ehrlichkeit. Ich verehre Patti, doch die Freunde sagten umstandslos ab, haben sich auch nie wieder blicken lassen. Okay. Zwei süße Schwule, Schwule übertreiben es ja gern mit der Ästhetik. Seither bin ich aber mit Scherzen vorsichtig und gebe mir bei der Colorierung noch mehr Mühe. Morgendliche Selfies sind tabu.

Gegen die Falten hilft mir nun Wrinkle Resist Lotion und das Aufsagen von Fakten: Falten haben alle. Die Alpen sind durch Fältelung entstanden, wir selber entstehen durch Fältelungen von Proteinen, selbst der Kosmos ist eine einzige Faltenzone. Gegen die morgendliche Fahlheit verwende ich eine getönte Tagescreme, gegen die Mattigkeit der Haare eine Glanzspülung, gegen die dunklen Augenringe Naked Skin Weightless Complete Coverage Concealer. Für den Kampf gegen Nagelrillen steht im Regal ein Ridgefiller. Man fragt sich, welche Chancen sich Frauen bieten, die kein Englisch können und die Versprechen zwar entziffern, aber nicht verstehen. Man sieht ein Bild von Julianne Moore, die sich die naturblonden Haare im Angesicht eines Goldtiegels zauselt, als verzweifle auch sie darüber, dass sich »täglich 4 Millionen neue Zellen« bilden und es in ihrer Verantwortung liegt, diese Aktivitäten als »Age Perfect Zell-Renaissance« zu gestalten. Eine

Aufgabe, an der ein Michelangelo verzweifelt wäre, dessen marmorglatt konturierte Skulpturen unsere Vorstellung von Schönheit geprägt haben! Und das alles bei ihm als ganz entspanntes Hinräkeln! Entspannung wird heute gern unterstützt durch Massage. Um ganz bei sich zu sein. Endlich bei sich sein! Viele, ja auch ich, fahren um die Welt, bis nach Indien, jetten nach Sri Lanka, nehmen quälende Zwischenstopps in Dubai in Kauf, stundenlanges Ausharren auf unbequemen Pritschen in großen Marmorlobbys unter hautaustrocknendem Air-Conditioning, um in der Ferne, auf einer Ayurveda-Farm, den Körper so lange kneten zu lassen, bis wieder das alte, verschlankte, erfrischte Ich erscheint. Eine schöne Gelegenheit, ganz bei sich zu sein, sagen wir, so knapp vor dem Pflege-Gitterbett? Und wir haben ja noch nicht einmal das Thema Wechseljahre berührt!

So cremt und tuscht man, highlighted die Brauen, betrachtet liebevoll die Lippen, bevor sie verbleichen, setzt Akzente mit dem Blusher. Diana Vreeland habe, wie schon erwähnt, gesagt, eine Lady über einem gewissen Alter solle am besten das Haus nicht vor Mittag verlassen. Ja, wie auch, angesichts der Mühe, die es jetzt gilt, auf sein Gesicht zu verwenden. Dunkle Schatten unter den Augen mit der Schattierung Sandy Beach wegklopfen, die Lippen mit Handcreme aufplustern, sorgfältig konturieren, damit die Farbe nicht in die Fältchen suppt und das Gesicht spätestens nach einer Stunde aussieht wie das Mississippi-Delta. Man fragt sich beklommen, wie das Gesicht und der Rest von einem wohl aussehen würde, würde man kein Serum benutzen, die Kobra-Stellung nicht mehr bis zehn halten können, öfter abends doch mal ein Gläschen kippen oder im Café Newport noch eine Himbeertarte bestellen. Wer wäre man dann? Noch man selbst? Schon eine lappige, bereits leichenweiße Alte? Würde man sich überhaupt noch erkennen? Ist man vielleicht schon gar nicht mehr man selbst, wenn man das alles abgearbeitet hat? Entfremdet man sich von sich durch eine altersunangemessene Straffheit? Wie sähe man aus, so ganz bei sich und im Griff des Alters – würde man an den Rändern verlaufen wie ein Ei, das zu lange im Kühlschrank rumlag und dann in die Pfanne gekloppt wird, kurz vor dem Stadium, in dem es anfängt zu riechen?

Das Thema Riechen ist beim Alter übrigens sehr tabu. Offensichtlich sagt man den Alten nicht, wie sie riechen. Und sie selber merken es nicht. Man selber riecht sich ja nicht. Die Kinder sagen, ich röche nach English Pear & Freesia, ich korrigiere und sage, dies sei heute Morgen aber Peony & Blushin Sued mit einem Hauch von Orange und überhaupt sei es gestern Blackberry & Bay gewesen. Ich gestehe, ich habe mittlerweile eine hübsche Palette von frischen Düften, ich werde geradezu süchtig nach etwas Hellem aus der Duftpalette des Gartens. Alles, nur nicht nach diesem dunklen, engen, muffigen Alter riechen. Oder würde es reichen, zu duschen? Ich dusche jetzt mit Blueberry oder Papaya, es hört sich vielleicht ein wenig verzweifelt an, aber alles besser als dieser vorweggenommene Leichengeruch.

Je älter ich werde, desto mehr fühle ich, was in einem alten Weltbild noch Versuchung war oder Verführung hieß, und jetzt? Hat sich die Perspektive geändert. In jungen

Jahren fokussiert man sich ja auf alles, was gendermäßig anders sortiert ist, jedenfalls die Heteros unter uns. Jetzt gelüstet es mich nach Passionsfruchttörtchen mit Himbeerspiegel auf Schoko-Nougat-Boden. Nun, wo man nicht mehr mit den Hühnern aufstehen muss, wäre es jetzt nicht an der Zeit, den Cappuccino morgens ganz urban und in aller Ruhe im Café »Newport« zu nehmen? Und dann sagt Mr Newport mit seinem freundlichsten Lächeln: »Ein Cappuccino? Ohne Brioche?« Ich seufze nickend mein Einverständnis, er sagt: »Aber doch nicht ohne Butter und Marmelade?« Schon ertappt man sich dabei, wie man die Butter fett auf das babyhaarflaumweiche weiße Gebäck streicht und die Marmelade zur gierigen Schnellaufnahme gleich aus ihrem kleinen Töpfchen löffelt. Hmmm!

Es zieht mich, in der Kategorie »Endlich genießen« alles zu geben. Mich beschleicht der Verdacht, dass ich auch damit eine Marionette der Frauenmagazin-Titelgestaltung geworden bin. Das wäre dann nicht mehr ich, sondern eher ein Ich als Geschäftsmodell. Liest man nicht auf jedem zweiten Magazin die strenge Aufforderung: »Endlich genießen!«, in diesem frischen Ton, den die fröhlichen Kindergärtnerinnen schon an sich hatten, in diesem Sound, der sowohl von oben kommt als auch heimtückisch von oben verordnen will, obwohl wir uns doch geschworen hatten, uns nie wieder etwas verordnen zu lassen, schon gar nicht von oben. Andererseits ist natürlich Disziplin gefordert. Die Hinweise auf die Notwendigkeit gesunder Kost bekommen selbst in Hochglanz-Magazinen jetzt einen drohenden Unterton. Aufforderungen, mehr Sport zu treiben, werden schärfer. Ist Alter womöglich etwas, was man trainieren muss? Braucht man einen Coach? Würde man sein Alter verpassen, wenn man einfach so vor sich hin schrumpelte?

Meine Vermutung ist, man würde sich geschlechtsneutralisieren. Ich liebe die kleinen Zeichnungen, die Rembrandt von alten Menschen machte, handtellergroße Skizzen, man muss mit der Nase ganz nah ran, dann sieht man die Fältelungen, die leicht triefigen Äuglein, man muss noch näher dran, um auf dem Schildchen zu lesen, ob es sich um eine Frau oder einen Mann handelt. Aber so weit ist man natürlich noch nicht. Noch steht man bei Edeka vor dem Zeitungsregal und sieht sich plötzlich umstellt, als hätte jemand die Elternratgeber, die sich doch gestern erst aufdrängten, raussortiert und ersetzt durch Magazine für die reife Frau. Man nennt sie *Woman*. Oder *Mylady*. Klingt knapp vor Shakespeare, bedeutet aber: »nicht mehr Girlie«, also erwachsen, was auf Englisch eigentlich »adult«, aber dann Porno bedeuten würde. Die Welt wird nicht einfacher, sondern globalisierter. *Woman* steht für: Endlich tun und lassen, was man will. Andererseits: Hagelt es natürlich vor allem Ratschläge, was man wollen tun sollte, was nie getan werden darf, was schön wäre. Diverse Ladys, die sich als Rolemodels eignen, haben in diesen Magazinen einen Auftritt. »Ich bin dankbar für jeden Morgen, an dem ich aufwache und die Nacht zuvor gut geschlafen habe«, sagt eine Agnetha Fältskog, Jahrgang 1950, im Gespräch mit *Myway*, einer Zeitung, die davon lebt, uns einzuordnen für die letzten Jahre.

Zusammengefasst bildet sich nach der Lektüre der zackigen Ratschläge für das korrekte Altern folgende komplexe Richtlinie heraus: auf dem Land leben. Ausschlafen, alles in Ruhe angehen. Viel lesen. Wahlweise in der Welt herumreisen, in Laos Vintage-Au-pair sein. Oder zu Hause gärtnern. Eine Sprache lernen, mindestens eine, ins Theater und ins Konzert gehen, zur Entspannung joggen, alternativ gelenkschonend Fahrrad fahren. Wandern. Vor allen Dingen wandern. Mit oder ohne Hund. Man wird darüber belehrt, dass Vogelgesang entspannt und auch bei Schmerzen hilft. Blumen pflanzen kann Ängste abbauen und Vertrauen stärken, dafür reicht schon ein Balkon. Bereits dreißig Minuten Zupfen, Töpfern, Harken oder Jäten beugt nachweislich Diabetes vor. Nieselregen glättet die Haut. Frische Luft verbessert den Fettstoffwechsel. Ich bin mir nicht sicher, ob meine Vintage-Phase lange genug währt, um das alles unterzubringen. Manchmal gebe ich mich der Hoffnung hin, dass Altern vielleicht nur ein Marketing-Trick ist, das wäre zu schön. Man ließe es alles bleiben und bliebe jung. Oder eben nicht.

Die Angst, was dann passieren würde. Brigitte Bardot machte sich im Alter für unsere Augen unsichtbar, auch Marlene Dietrich wollte, dass sie niemand sah, Marilyn Monroe brachte sich um. Liz Taylor? Versteckte sich im Speck. Ich denke an sie voller zärtlicher Gefühle. Hat sie oder hat sie nicht diese ganzen Ratschläge befolgt? Hatte sie diese Essstörung, weil es so viele Essvorschriften für das vorbildliche Altern gibt? Es wird einem Angst und Bange, gestern habe ich einen ganzen Topf mit Humus aufgeschleckt, bisschen Zwiebel dazu, eine Prise schwarzer Türkenkümmel, Gläschen Rotwein – ob ich jetzt bald so speckig aussehe wie die gute alte Liz?

In dieser Alterszone erhält jede Lebensgeste den Gestus einer Maßnahme. So transformiert sich das ganze Leben in eine dem Ableben vorbeugende Maßnahme. Essen? Hat längst seine Unschuld verloren. Functional Food war gestern. Essen wird eine Aufgabe, die ratgebergerecht durchzuplanen ist. Altern ist ja kein Kinderspiel. Anziehen wird zu einem Parcours auf schwierigstem Terrain, es geht um die Disziplinierung des alternden, an den falschen Stellen sich wellenden, quellenden, knitternden Body. Obacht, wer die vierzig – oder waren es die dreißig? – überschritten hat. Es gibt keine unschuldige Kleidung mehr. Styling ist jetzt nicht mehr eine teure Lust, genussvoller Exzess, raffiniertes Spiel, sondern verbitterte Hilflosigkeit.

Man lernt, dass ein Badeanzug richtig ist, wenn ein hochgeschnittenes Höschen Pölsterchen versteckt und den Bauch kaschiert. Merke: Ein diagonal gestreiftes Oberteil macht üppige Rundungen optisch schmaler. Hochgeschnittene Taillenhosen verlängern das Bein. Der richtige Träger verhilft zu einem guten Dekolleté. Gedrehter Stoff im Brustbereich lenkt subtil von einigen Pfunden ab. Dichte Muster lassen eine unschöne Körperstelle zurücktreten. Schräg laufende Drapierungen modellieren die Taille. Dunkel abgesetzte seitliche Partien verschmälern, lang geschnittene Blazer strecken. Einteiler machen eine gute Figur rund um die Uhr! Und der neuste Hit ist: Youthful Thinking! So vollendet sich die Roland-Berger-Optimierung noch auf den letzten Metern der kleinen letzten Lebensstrecke. Man gerät natürlich ein wenig unter Druck, ob man sich auch korrekt in ein maximiertes Altersprodukt verwandelt. Das ist alles ziemlich anstrengend und letztlich nur durch den Gedanken zu ertragen, dass es ja bald vorbei ist. Das letzte Hemd hat keine Taschen, die noch auftragen könnten, was unter dem Hemd zu viel ist, darüber freut sich der Wurm.

Noch ein Tipp von Agnetha für Keto von Waberer. Morgens nie in den Spiegel gucken: »Lieber gehe ich erst mal direkt raus zu meinen Hunden und spreche mit ihnen. Die lieben mich glücklicherweise bedingungslos – egal wie ich aussehe und mich gerade fühle.« Als Hundehalterin drängt es mich hinzuzusetzen, dass man nach dem Gassi-Gehen möglicherweise immer noch wie ausgespuckt aussieht, aber viel glücklicher.

ICH ALS
PEINLICHKEITSFAKTOR

An manche Dinge gewöhne ich mich nie. Etwa an den Peinlichkeitsfaktor. Man blättert in diesem angesagten Lebenskunstbuch, dem durchgeknallten, gut gelaunten *How to Be Parisian Wherever You Are*, und trifft ungeschützt auf den Rat: »Nimm dir Zeit, dich mit der alten Dame nebenan zu unterhalten ...« Pardon, Madame? Die alte Dame – nebenan? Darf man fragen, wer gemeint ist? Ich?

Es rührt mich sehr, dass meine Nachbarn, deren Kinder noch so jung sind, dass sie nur mit Mühe aus dem Bett geholt werden können, um rechtzeitig in die Schule geschaufelt zu werden im Stile von Hast-du-das-Schulbrot und Wo-ist-deine-Mütze?, und ständig irgendwo hinzubringen oder abzuholen sind, zum Schnellermachen oder Langsamerlaufen oder Klavierspielen angehalten werden müssen, zum Vokabelwiederholen, zum Aufräumen der Fahrräder, Roller, Schaufeln und was auch immer auf dem Fußweg rumliegt, dass nicht diese supergestressten Eltern, sondern ich als supportbedürftig erscheine. Es macht mir nichts aus, behänd um das herumzukurven, was so rumliegt, auch wenn es nicht ungefährlich ist; also, gestern, ich schleppe ein Paket zu meiner Tür, weshalb mir der Blick verstellt war auf die quer liegende Schubkarre, über die ich dann zu Boden ging – egal. Bin ja noch elastisch, stehe auf und weiter. Ich weiß, wie Erziehung ist, und habe, anders als in meinen Mutti-Jahren, ja Zeit, meinen alten Body fit zu halten. Erst neulich, ich eile nach dem Konzert nach Hause und werde auf dem Bürgersteig um ein Haar gerammt von einem Fahrrad, das im jugendlichen Tempo und ohne Beleuchtung unterwegs ist – und offensichtlich ohne Bremsen – okay, ich konnte mich mit einem behänden Sprung zur Seite retten; hatte erwogen, mit ein bisschen Brüllen bei der Erziehung zu helfen. Verworfen. Kein Energieaufwand, schon gar nicht elastische Hüpfer um herumliegendes Spielzeug könnte dazu führen, dass ein Oldie nicht als die bedürftige Alte von nebenan wahrgenommen wird, für die man sich jetzt auch noch Zeit aus den Rippen schinden muss, in der Mitte dieses eiligen Lebens. Für ein kleines Gespräch wg. Alter.

Man spürt gelegentlich jetzt so ein Misstrauen. Die Nette aus dem Chor – will mit mir Tee trinken? Will sie? Oder hat sie Mitleid? Der junge Kollege ruft an, ob wir einen Sundowner nehmen. Sorgt er sich um mich? Die Alte. So einsam. Natürlich nicht so originell, dieses Vorurteil. Auch nicht logisch. Von keiner Sorte Mensch gibt es in Deutschland so viele wie von der Sorte Alte, warum sollten ausgerechnet sie so einsam sein? Man sollte vielleicht mal anfangen, sich um die Kinder Gedanken zu machen, die als Einzelkindschätzchen mit Mutti und Papi zu Hause am Erwachsenentisch hocken oder unermüdlich bespielt werden. In Ermangelung anderer Kinder; in Deutschlands armem Kinderland fehlen die Kinder für die Straßengangbildung oder ein Wettrennen oder Rollschuhwettbewerbe, im Osten der Republik klagen Zehnjährige darüber, dass sie nicht mehr genug Gleichaltrige auftreiben können, um auch nur eine Fußballmannschaft aufzumachen. Aber die Alten. Wie ist man als Oldie in diese bedürftige Peinlichkeitszone geraten? Wegen eines Geburtsjahrs? Das im Pass steht und jetzt dazu führt, dass man mit Leuten in einen Topf geworfen wird, die zufälligerweise ähnliche Geburtsjahre im Pass stehen haben? Schon fängt das Fremdschämen an. Die Peinlichkeit, dass sich die CDU-Senioren Berlins, alte Männer um 67, gegen die Ehe von Schwulen aussprechen!

Fällt jetzt alles so ein bisschen auf einen zurück. Kann man gar nichts gegen machen. Da sieht man plötzlich alt und schäbig, gemein und hässlich aus. Weil ja seit der Generation Golf überhaupt nur noch in Generationen gedacht wird. Man wird jetzt der Generation Abgehängt zugeordnet, die, die gar nichts mehr mitkriegen. Der Sohn meiner Freundin erwähnt so oft Netflix mit diesem »Ich supercooler angesagter Typ gucke jede Nacht Serie«, dass man merkt, da hat sich jetzt eine neue Netflix-Generation formiert. Verschanzt sich auf dem Sofa hinter Chipstüten zum Serieglotzen, und man möchte rufen: Hallöchen!!! Ich habe auch Netflix!!! Und mein 72-jähriger Freund Hans ebenso! Wir sind auch ein bisschen Netflix-Generation! Wir würden Dscheneraischen sagen, weil cooler. Wäre natürlich gemein. Man würde den Mythos Netflix-Dscheneraischen stören, es wäre so, als ob man plötzlich ungebeten auf der Facebook-Seite des Sohns auftauchen würde. Mama, muss ich dich jetzt als Freund akzeptieren? Anbiedern würde uns natürlich auch nichts nützen. Weil, eigentlich ist man jetzt ja Generation Pegida. Ein Endfünfzigjähriger, sagt Wigald Boning, der Endfünfziger, ist der typische Wutbürger. Aber ich bin nicht Pegida!, will man schreien. Aber wie lächerlich wäre das, gegen die Zuschreibung »Wutbürger« anzubrüllen? Eben. Man ist peinlich, man fühlt sich peinlich.

In keiner politischen Wahlkommentierung fehlt der Hinweis, dass es bei allen Wahlen die Alten sind, bei denen leider überholte Meinungen festzustellen sind. Man fühlt sich jetzt also genötigt, unentwegt für die Schwulenehe einzutreten, schon weil man diese vorwurfsvollen Blicke auf den kleinen grauen Strähnchen spürt, die anklagend sagen: Du Alte bist doch bestimmt auch gegen Schwule, die ihre Liebe durch eine Heirat adeln wollen.

Nö, eigentlich nicht. Soll doch jeder, wie er will. Man sieht sich aber erstaunt dabei zu, wie man plötzlich mit einer Vehemenz für die Schwulenehe eintritt, die einem eben auch ein bisschen unheimlich ist wie dieses ganze aufgeschäumte Ehe-Event-Geschehen. Man hat sein Leben lang die Ehe für eine veraltete, mit bürgerlichen Steuerprivilegien zugeschüttete Lebensform gehalten, die Beziehungen bis in die Erstarrung hinein subventioniert. Ehen, die nach Phasen der Erstarrung nicht selten auseinanderbrechen und Gattinnen in Armut entlassen, Frauen, die sich durch die schönen Steuersplitting-Vorteile – doppelter Hartz-IV-Satz, man kann ja ein bisschen rechnen – hatten verführen lassen, ihren Job aufzugeben, für den sie sich einmal mit Hingabe vorbereitet hatten. Und dann, und damit haben sie nicht gerechnet, dass die Liebe von Harry doch irgendwann abwandert, im Freien stehen. Die bürgerliche Tragödie zweiter Teil. Will keiner sehen, außer Sibylle Berg natürlich, die dieses grimmige Stück schrieb, *Die Damen warten.* Wie alte Frauen im Wellness Center vom Masseur gedemütigt werden: »Ihr seid doch alle unterfickt!« Zum Schluss riecht es nach Gas. Soll es so enden? Man sieht sich also dabei zu, wie man vorsichtshalber mit Hingabe für die Schwulenehe eintritt. Mit Ehegattensplitting und allem Pipapo, so wie bei Opa. Nur um nicht als peinliche Oma zu wirken. Ja, es ist immer peinlich, so oder so, wie man es wendet oder sich wendet.

Man findet sich etwa plötzlich in der Gruppe derjenigen, die als Technikdeppen gelten. Man dreht gut gelaunt in der Mittagspause eine Runde mit der Töle und erstarrt vor einem Laden, der Oldies-Bedarf anbietet. Ja, solche Läden gibt es jetzt. Und sie haben nicht den aufgerüschten Charme von Kinderbedarfsläden, mit dem Französisches-Modellkleidchen-Plunder und Bio-Öl-behandeltem Holzroller. Dieser Laden hat ein Schaufenster, in dem ein Schild steht: »Großtastenhandys mit Beratung und Einrichtungsservice«. Tolle Geschäftsidee. Für Alte und andere Doofe: Im Angebot ist ein Handymodell, das man selber vor einigen Jahren vorschriftsgemäß in den Elektroschrott entsorgt hat. Auf dem Schild neben diesem ausgemusterten Modell steht: »Sehr einfaches Klapp-Handy mit lauter Hörlautstärke (max. 35 dB) und extrem lautem Klingelton. Hörgerätkompatibel. Notruf-Taste. Kamera. Ladestation«.

Die Vorstellung, dass jemand, der mich hier mit starrem Blick vor dem Schaufenster verharren sieht, glauben könnte, ich sei einer dieser alten Vollidioten, denen man ein Handy mit dem Extraservice »Ladekabel« verkaufen kann. Gefühl der Scham. Einmal blätterte ich in einem Magazin, und es gab Sonderseiten mit falsch getippten SMS von Mutti und Papi. Ja danke!

Eine Freundin erzählte von diesem jungen Mann im Team, frisch von der Uni, der stellte sich vor ihr auf und sagte, berstend vor Stolz: »Und das Beste ist, dass ich jetzt den Altersdurchschnitt dieses Teams mal gesenkt habe.« Meine Freundin habe kurz erwogen zu erwidern: »Wie schön, jemanden zu treffen, der so jung ist, dass er nicht mal den Grundkurs Manieren durchlaufen hat.« Habe sich doch entschieden zu schweigen. Gegenwehr mache ja alles noch schlimmer, steigere ebendiesen alterstypischen Peinlichkeitsfaktor. Wie überhaupt alles Laute, dann sei man die grelle nervige Alte. Bei leisen Tönen selbstredend die graue Maus, falls noch jemand hinhört. Sie habe geschwiegen, weil sie schon dieses im Abgang beredte Schweigen hörte: Booa, die Alte, die ist heute aber wieder druff.

Warum ist Alter also peinlich? Alter dient natürlich als Projektionsfläche für alle Schwächen, die man selber glaubt, vor sich herschieben zu können, bis sie die anderen haben, die schon alt sind. Alt ist genau das, was man nicht werden will. Und dann ist da jemand, der ist alt, und man muss es auch noch mit ansehen. Lächerlich.

Mein Freund Paul, der 77 Jahre alt ist und mal ein großes Tier bei einem der Computerimperien war, lachte sich tot, als seine Tochter ihm neulich erzählte, in ihrer Firma sei jetzt eine Internetgruppe gebildet worden. Nur mit jungen Leuten. Der Geschäftsführer habe die Alten aufgefordert, sich an diesen jungen Pionieren ein Beispiel zu nehmen, an dieser Unerschrockenheit, mit der sie sich auf die neue Technik stürzen. Paul, der vor einigen Jahrzehnten eine global operierende Gruppe zur internationalen Vernetzung aufgebaut und geleitet hatte, fand das schon superkomisch. So global bei den Techniktrotteln zu landen. Wegen Alters. Glaubt mir auch niemand mehr, dass ich vor einigen Jahren einen Reiseblog aus Kambodscha geschrieben habe, den ersten auf diesem neuen Portal. Hübscher Titel: Khmer Route! Aber es nützt ja nichts, darauf hinzuweisen und darauf, dass nicht alle alten Leute Technikidioten sind, was man unter anderem schon daran sehen kann, dass die Technik, von der man heute redet, vor Jahrzehnten von diesen Leuten entwickelt wurde, die heute eben uralt sind oder schon tot. Steve Jobs zum Beispiel. Man soll keine Witze über Tote machen. Aber man stelle sich vor, wie Steve Jobs heute auf seinen Laden zuginge und eine Praktikantin ihn in dieser frischen selbstbewussten Tonlage fragen würde, ob er sich verlaufen hätte und sie ihm, dem alten Trottel, behilflich sein könnte.

ICH ALS
WITZFIGUR

Schon mal »alte Frau« gegoogelt? Also, ich habe neulich mal »alte Frau« gegoogelt, und bevor ich Piep sagen konnte, schlug Google »Alte Frau lustig« vor. Mal gucken, was so lustig ist, wenn man als Frau alt wird.

Man sieht eine Bäuerin unterm Kopftuch: Der Mund der dickköpfigen Frau steht so weit offen, dass man auf die weiche, leicht belegte Zunge blickt. Die Haut ist pink-weiß, wie bei zu altem Fleisch im Discounter. Augen wie Schlitze zugeschwollen. Die Frau trägt eine grob gestrickte Weste zu einem grob karierten Hemd, geschätzte Größe: 48. »Eine alte Frau mit lustig lachen«, formuliert die Bildzeile grammatikalisch nicht ganz korrekt.

Man sieht vor sich auftauchen: Weiblein mit dem Charme von E. T., die nasenlos unterm Schleier mümmeln. Omas mit armlangem Joint. Knetfiguren im Oldie-Knubbel-Look. Geschwader von stöckeschwingenden Greisinnen, die eine Treppe herunterfluten. Verwarzte verformte Zehen in Badelatschen. Unter »Charaktermaske Alte Diva« sieht man ein in Falten modelliertes Gesicht mit breiten Augenbrauen aus Silberlametta. Beliebt: hängende schrumpelnde Brüste oder lappige Bäuche mit Tattoo. Man hat die Wahl zwischen 31 238 verschiedenen Motiven. Es laufen Nachrichten wie »78-Jährige beim Self-

Check-in« im Stile von: Da legte sich doch eine Alte aufs Förderband und verschwand in der Gepäckluke ...

Es ist jetzt natürlich ein wenig spät für die Geschlechts-umwandlung – aber, nur mal so, man googelt »Alter Mann«, und das Schlimmste, was man zu sehen bekommt, sind in zu viel Flüssigkeit gebettete Augen. Man sieht viele Bärte. Ein paar Weihnachtsmänner. Einmal Winston Churchill. Es gibt einen knackigen Alten am Strand, das Bild ist so geschnitten, dass man nicht sieht, ob er die alterstypische Apfel-Silhouette hat, er scheint aber in Form, jedenfalls nackt zu sein. Die bartlosen alten Männer sitzen hinter Laptops, oder sie sitzen mit wichtig verschränkten Armen hinter aufgeräumten Schreibtischen.

Ich gebe zu, dass ich mich ganz offensichtlich nicht für »Alter Mann« qualifiziere. Mein Schreibtisch ist nie aufgeräumt. Einmal im Jahr räume ich meinen Schreib-tisch auf, schieße ein Handy-Foto und schicke es an die Verwandtschaft mit der Bildzeile: Der Tisch ist aus HOLZ! Am nächsten Tag stapeln sich schon wieder die Dinge, und das Holz ist verschwunden.

Manche Dinge sind hoffnungslos. Schon auf frühen Kin-derbildern sehe ich so aus, dass meine Mutter sich bemü-ßigt fühlte zu erklären: Susanne guckte immer wie eine Bulldogge. Garantierter Lacher – bei jedem Familientref-fen. Ein bisschen war ich also schon immer Witzfigur. Und es stimmte ja auch. Schon auf frühen Bildern sind meine Mundwinkel heruntergezogen, während die Augen unter gekräuselten Augenbrauen grimmig in die Welt schauen, wie sie es gerne noch heute tun, obwohl ich zum Relaxen nichts so fleißig übe wie das Asana »The Smiling Yoga Breath«.

Man fühlt sich herausgefordert, sich zu freuen, dass andere es so lustig finden, wenn man alt und faltig, dement und lächerlich wird, man merkt, dass das schon etwas sehr Defensives hat, dieser Freude zuzustimmen, die man anderen bereitet, ohne dass man selber so vollen Herzens in dieses Lachen über einen selbst einstimmen könnte. Es ist eine Herausforderung und verlangt so viel Altruismus, dass es mich noch ein wenig überfordert. Ich als Witzfigur könnte man für eine Untergruppe von Ich als Peinlichkeitsfaktor halten, aber es ist komplizierter. Peinlich bedeutet ja – lächerlich mit Abstoßungseffekt. So wie der flämische Maler Quentin Massys etwa 1530 sein Bild einer alten Frau malte, der die Brüste wie schrumpelige Äpfel aus dem Mieder quellen, der Hals ist gerafft wie ein Rollo, der Mund nach innen zum Schlitz eingezogen, unter der Haube ein nackter Globus, wo früher wohl mal Haare waren – die Groteske der alten Frau sei als pädagogische Ermahnung gemeint, sich doch bitte altersgerecht zurückzunehmen. Ein Topos in der Kunstgeschichte! Alte Frau hässlich. Witzfigur ist anders, es bedeutet: weniger Ablehnung. Man hat, mit den Jahren und völlig unverhofft, sogar etwas gewonnen, man möchte es Entertainment-Charakter nennen. Sagen wir, es ist ein Rollenangebot.

Die Rolle läuft so gut, dass ich mich als Witzfigur nun im Fokus einer ganzen Entertainment-Industrie befinde. Ich bin also auf die alten Tage zu einem Geschäftsmodell mutiert. Man muss natürlich noch ein bisschen üben, wie bei allen Rollen, es macht es nicht einfacher, dass die Rolle nicht ganz freiwillig ist. Oder andere den Text für einen schreiben. Egal. Es ist jedenfalls etwas, das sagt: Wir brauchen euch noch! Ja, wie bedürftig erscheint man eigentlich, dass man sich darüber freuen soll?

Auf YouTube laufen Videos in Endlosschleife (»Lustige Omas«), in denen etwa eine Oma per Fernzündung ihre Handtasche explodieren lässt, die ihr gerade von zwei jungen farbigen Problemviertel-Bewohnern entrissen wurde – mit unbedauerten Kollateralschäden. Auf einem Parkweg machen sich alte Ladys breit und schlingern nach rechts und links, um einen jungen Typen nicht durchzulassen, der endlich über den Rasen nach links ausweichen will und zum Abschluss von Oma eins mit dem Regenschirm über die Rübe bekommt. Eine kurzhalsige Lady bringt einen Ladenbesitzer zum Weinen, weil sie in seinem Computershop in einer Endlosfrageschleife insistiert: Ist das mit Windows? Kann der auch Internet?

Es gibt auch »Lustiger Opa auf Rolltreppe«, Titel: »Opas Moonwalk«. Es zeigt einen Alten, der auf einer Rolltreppe, die in einem gigantischen Shoppingcenter nach oben führt, herunterstapft. Krass: Opa zeigt's dem Nachbarn (baut eine Straßensperre für den kleinen Raser, die das gelbe Rennauto in die Luft katapultiert). Sehr hübsch auch: »Oma verarscht Polizei«. Ein Polizist auf der Wache versucht, einer anrufenden Oma eine Telefonnummer durchzugeben, die Nummer lautet: 9162621. Sie wird durchgegeben, falsch notiert, korrigiert, falsch wiederholt, es kommt zu minutenlangen Loops einer immer mehr in den Bereich komplett gaga strudelnden Unterhaltung, im Hintergrund der Polizeiwache röhren die Kameraden.

Es gibt Videos zu: Omas fahren Skateboard. Omas rasten aus. »Old Ass Bastards« ist schon in Serie gegangen. Wer sind diese Weiber? Wer die alten Typen? Wer qualifiziert sich? Irgendwie heißt es ja: 60 ist das neue 50, andererseits schleicht sich mit sechzig so ein kleiner Verdacht ein, ob man schon den Neunzigjährigen zugerechnet wird. Wie alt muss man sein, um als Witzfigur zu reüssieren? Ob bei der Titelgebung berücksichtigt ist, dass heutzutage immer weniger Frauen überhaupt Omas werden, weil sie die dazu notwendigen Reproduktionsschritte verweigert oder verpasst haben? Und ist es erlaubt zu fragen, wer da sitzt und seinen langweiligen Nachmittag damit bestreitet, Oma- und Opa-Videos zu gucken? Sind es Leute, die jünger als Oma und Opas sind? Klüger? Dümmer?

Die Postkartenindustrie hat sich des Themas bemächtigt. Was heißt – bemächtigt? Ganz viele Branchen leben von der Witzfigur der Alten. Es gibt zum Thema Oldies heute Witzbücher, Witzpostkarten, Witzfilme. Ich folge Frau Renate Bergmann, der Witz-Oma, auf Twitter und kichere zur Übung über Tweets wie: »Ich glaube, diese Gurkencreme, die Kirsten zu Nikolaus geschickt hat, war für das Gesicht. Auf Stulle hat se jedenfalls nicht geschmeckt.« Ich gestehe, dass es eine Zeit gab, in der ich auch Oldie-Postkarten verschickt habe. Selbstredend, als ich noch nicht Oldie war. Etwa die Karte mit der drohend blickenden, rollenförmigen Alten, die eine Flugzeugtreppe runterstratzt, in der Hand einen Stock, und der Unterzeile: »Ich komme!« Ich kann mich nicht erinnern, wann genau der Zeitpunkt war, dass ich diese Karten nicht mehr ganz so witzig fand.

Vielleicht regte sich da schon ein kleiner Zweifel, ob Leute die Tatsache, dass sie jetzt von immer mehr Alten umgeben sind, genauso witzig finden wie so eine Lustige-Alte-Postkarte. Mittlerweile habe ich von diesen Postkarten eine hübsche kleine Kollektion. Ich versuche mich in der Witz-Zone zu akklimatisieren. Schön ist die weibliche Witzfigur als Gruppenmotiv. Man sieht etwa vier alte Schreckschrauben in Blümchenkleidern, garniert mit Perlenketten, Sonnenbrillen und Strohhüten in einem kirschroten Cabrio, die älteste sitzt natürlich am Steuer und trägt, wohl in Erwartung des Fahrtwindes, ein Kopftuch. Oder hier: Vier Ladys in bunten Badeanzügen, aufgenommen mit Blick auf ihre rückwärtige Breitseite, die vier jauchzen mit ihren kräftigen Schenkeln ins Meer hinein. Feuchte Fröhlichkeit kommt immer gut. Drei zu Pfläumchen verknitterte Gesichtlein feixen in die Kamera, die rechte Lady hebt ihr Sektglas – Überschrift: »Stößchen!«

Alte in Feierlaune. Durchtrieben wie ein Rumfrüchtchen. Da ist so eine Art von Hochachtung vor alten Weibern, die gar nichts mehr kennen, weil es sowieso zu spät ist, sich einzuschmeicheln. Sie strahlen eine Mischung aus Altersweisheit und Unverfrorenheit ab. Es gibt unterhaltsame Sprüchesammlungen, die ein Renner auf dem Geschenkbuchmarkt sind. Auf der Leinwand ist dieser verwegene Typ von Maggie Smith in Perfektion vertreten. Anders als Judi Dench, die einen Oscar im hohen Fach »Heilige« verdient hätte, ist Maggie Smith eine vergötterte Nervensäge. Wie sie in *Best Exotic Marigold Hotel* ihr Gegenüber während seines Redeflusses in den Blick nimmt, die ganze Emotionalität aus dem armen Tölpel herauslockt und an sich anbranden lässt, um dann knapp zu sagen: »Glauben Sie nicht, ich höre Ihnen zu, nur weil ich Sie anschaue …«

Boxen mit Worten. Ein Ideal. Gerade wenn die Muskeln schwächer werden. In der Wirklichkeit sieht es natürlich etwas anders aus. Nur fiktive Figuren werden für so viel Unverfrorenheit geliebt, wie Maggie Smith sie auch in *Downton Abbey* abstrahlt. Für die anderen gilt im realen, grausamen Leben: lächeln, lächeln, lächeln. Insbesondere, wenn andere über einen lachen. Es gibt, um ein Wort des amerikanischen Autors Brendan Gill aus einer der Alte-Leute-Sprüchesammlungen zu zitieren, sowieso nicht den geringsten Beweis dafür, dass das Leben auf Ernsthaftigkeit angelegt ist.

PAARUNGEN

Als ich jung war, stellte ich mir das Alter als ein altes Paar vor, das auf einer Bank sitzt und friedlich in eine gemeinsame Richtung schaut, über einen gepflegten Park hinweg oder in eine Landschaft hinein, eine mit sanften Hügeln. Was man so denkt, wenn man jung ist. Jetzt, wo ich nicht mehr so jung bin, sehe ich beim Thema Alter eher ein Bild von Marianne Faithfull vor mir. Marianne Faithfull ist 68 Jahre alt, sie sitzt an einem Tisch und trägt einen Büstenhalter aus schwarzer Spitze, der ihren Brustansatz freigibt. Man sieht ihr mürbes volles Fleisch. Ihr linker Arm liegt vor dem Körper, der rechte Arm ist auf dem Ellenbogen abgestützt, die Finger mit den kurz geschnittenen rot lackierten Nägeln greifen nach einer bis hart auf die Lippen heruntergebrannten Zigarette. Haare krass nach hinten gegelt. Oder nass? Nach dem Duschen? Hatte sie Sex? Wo wäre der Typ dazu?

Im Hintergrund sieht man ein Fenster mit drapierten Vorhängen, was dem Ganzen einen Hauch von Boudoir gibt. Ihr Blick geht nach unten, auf eine Kaffeetasse, man sieht ihre dunkel verschmierte Mascara, es wirkt, als sei Faithfull zu müde gewesen, um sich vor dem Duschen abzuschminken. Vielleicht zu traurig. »I sit and watch as tears go by«, komponierte Mick Jagger 1964 für Marianne Faithfull, als sie siebzehn war und er gerade anfing zu komponieren, bevor sie berühmt wurden und dann das Gla-

143

mour-Paar meiner Jugend waren. »It is the evening of the day/ I sit and watch the children play/ Smiling faces I can see/ but not for me/ I sit and watch as tears go by …« Der Soundtrack meiner ersten Lieben. Begleitmusik für Probeknutschen in Keller-Partyräumen unter Eierkarton-Decken.

Ein Leben später, nach vielen Partys und diversen Paarungen, von Mick und Marianne und den ein oder anderen ihrer, also meiner Generation, hat Marianne Faithfull noch immer Sexappeal, wie damals zeigt sie sich in schwarzen Dessous. Das Bild ist übrigens von Anton Corbijn, der auf krasse Schwarz-Weiß-Wahrheiten steht, es ist ein Re-Enactment der Pin-ups, die man von Marianne Faithfull aus den sechziger Jahren kennt. Bräuchte es einen Beweis dafür, dass die Wilden und Durchgeknallten der sechziger Jahre alles gegeben haben, um sich und den Sex und die Liebe neu zu erfinden und dabei an jede Grenze zu gehen, müsste man nur auf dieses Bild schauen. Marianne Faithfull unplugged. Eine, die ihr Leben gelebt hat und den Preis bezahlt und nicht vorhat, davon abzulassen, auch wenn sie sich jetzt mal gerade eine Zigarettenpause gönnt.

Alles wollen, alles geben. Hat nicht immer zu stabilen Beziehungen geführt. Marianne sieht etwas ramponiert aus, Mick ist ihr schon lange abhandengekommen, nach Mick ist in ihrem Leben noch eine Menge passiert, Sex, Drugs & Rock 'n' Roll eben, man sieht natürlich auch Mick ab und zu, nicht selten mit den Nachfolgemodellen, manche sehen so jung aus, wie Marianne damals war, aber auch Mick wirkt auf diesen Fotos so ramponiert wie Marianne heute. Erstaunlich, dass er es hinkriegt, sich mit jungen Frauen zu umgeben, man möchte es als ein Gesundheitsrisiko beschreiben, diese unerschrockene Zuwendung zu jungen Frauen, die ältere Herren praktizieren. Ich kannte mal einen, der dafür mit dem Leben bezahlte, er starb in einer jungen Frau. Einer sagte mir mal, es halte ihn jung, mit jungen Frauen unterwegs zu sein, und ich dachte, das muss einer der gendertypischen Unterschiede zwischen Mann und Frau sein.

Also ich erinnere mich an einen jungen Lover, den meine Freundinnen meinen Toy Boy nannten, ich hatte mich in ihn verliebt, bevor Germaine Greer dieses skandalöse Stück schrieb mit einer Empfehlung für ältere Frauen, sich nicht mit den alterstypischen misogynen Typen abzugeben, sondern eher den glatthäutigen Buben zuzuwenden, die ältere Ladys verehren. Berühmtes Beispiel: Vivianne Westwood mit ihrem flotten Andreas Kronthaler, auch von den beiden gibt es krasse Bilder, sie mit der roten Mähne und ihrem für rothaarige Engländerinnen typischen weißen Fleisch, nackt dahingegossen, er mit strammen Waden. Aber wie viele Nachfolge-Paare gibt es? Mein Toy Boy pflegte zärtlich von den »Gebrauchsspuren des Lebens« zu reden, angeblich ein Zitat von dem Maler Jörg Immendorff, der offenkundig solche Spuren auf den Körpern seiner Liebsten nicht schätzte, als er 2007 mit 61 Jahren starb, hinterließ er eine Witwe im Alter von 27 Jahren.

Nun gut, alle älteren Herren sind nicht immer so erfolgreich wie berühmte ältere Männer bei der Suche nach Frischfleisch, es nützt nichts, auf Picasso zu verweisen, der bis in die letzten Bilder in Begleitung von herrlichen jun-

gen Frauen zu sehen ist, langgliedrige Wesen mit langflie-
ßendem schwarzen Haar, Mädels mit wippenden blonden
Pferdeschwänzen, auch auf die Gefahr hin, jemanden zu
ärgern – Picasso war natürlich bis ins hohe Alter hinein
ein sehr viril wirkender älterer Herr. Die anderen suchen
Support bei Dating-Agenturen. Eine Lady, die eine solche in London betrieb, beschrieb sie mir mal als Problem-
gruppe. Dating-Agenturen liefen reibungslos mit jungen
Menschen, solchen, die liebesdurstig seien, aber zu eilig
in ihrem Leben unterwegs, um rechts und links des We-
ges jemanden auflesen zu können, man müsse sie nur mit-
einander bekannt machen – und zack. Ältere Männer wollten stets junge Frauen, die aber, s. o., selber eher jüngere
Männer wollten. Die Quadratur des Kreises. Und ältere
Frauen? Augenrollen.

»Haben Sie schon mal von einem Mann in den Fünf-
zigern gehört, der eine Fünfzigjährige sucht?«, musste sich
Christa Appelt, die eine Paarungsagentur in München be-
treibt, einmal nassforsch in einer Talkshow fragen lassen. Frauen über fünfzig! Gelten als Anti-Aphrodisiakum,
gegen das noch nicht mal Viagra zuverlässig hilft. Eine
Freundin berichtete über ein Gespräch mit avanciertem
Freundeskreis, Thema war eine Inszenierung von *Lulu*,
für die Angela Winkler im Gespräch war. »Angela Winkler! Ist die nicht über fünfzig?«, schrie wohl einer auf. »Und
die nackt?« Nun, zu dem Zeitpunkt, als er sich diese bange Frage stellte, war Angela Winkler allerdings schon über
sechzig, sah frischer aus als der etwa Fünfzigjährige, den
die Phantasie gerade überrannte, weshalb er sie zehn Jahre
jünger schätzte, als sie es war, die heute übrigens über sieb-

zig ist und noch immer etwa wie sechzig aussieht. Schweigen in der Runde, sagte die Freundin. Frauen, die Lippen
schmal machen. Dann, einer, schaudernd wie im Griff einer Malaria-Schüttelfrost-Attacke, mit einer zur Ekelfratze
verzerrten Miene: »Frauen über fünfzig! Wööörgh!« Sie
habe kurz erwogen, ob der Mann eine Kotztüte brauchte.
Dann verworfen, es war nicht die Situation, in der sie als
besorgte Mutti rüberkommen wollte.

Wie viele alleinstehende ältere Frauen man kennt.
Nicht alle noch so rösch wie Marianne Faithfull, aber doch.
Oft unvermittelbar. Ob sie ihr Schicksal akzeptiert haben,
erkennt man mit einem Blick in die Küche. An der Butterdose. Ist die Butterdose klein? Bullig? Stylisch? Eine
Single-Butterdose kostet 12,95 Euro, etwa so viel wie eine
Familienbutterdose, clevere Geschäftsidee übrigens. Sie sig-
nalisiert Realismus. Sie strahlt aus wie der Farn im Garten.
Der Farnspezialist Karl Förster hat einmal klug ausge-
führt, am Farn zeige sich, ob jemand den Schattencharak-
ter seines Gartens akzeptiert habe. An der Single-Butterdose zeigt sich, ob jemand seinen Single-Status akzeptiert
hat oder immer noch davon ausgeht, dass sich auf die
letzte Strecke noch was reißen lässt. Ob jemand stünd-
lich darauf wartet, dass eine neue Liebe noch mal alles mit
Gold überflutet, all das, was schon so ein bisschen ange-
grabbelt ist, etwa die Gefühle oder der Busen, die Beine
mit ihren kleinen blauen Zweiglein. .

Es gibt Überraschungen. Fakt ist, es wimmelt neuerdings von älteren Paaren. Also nicht solchen, die man auf
Plakaten in den U-Bahn-Tunneln sieht, wo Silberfüchse
abgebildet sind, an deren Schultern eine stets blonde Frau

lehnt, die mit ihm interessiert eine Broschüre des Seniorenheims betrachtet – so als wären junge Frauen stets bereit, mit Männern aufs Altersteil überzusiedeln, zwanzig Jahre vor ihrer Zeit. Ich meine auch nicht die, die im Restaurant am Nebentisch sitzen, wo sie erstarrt in den Nudeln stochert, während er über die Kunstausstellung schwadroniert. Die Rede ist auch nicht von denen, die sich öffentlich beharken, als wären sie mit ihrem Reihenhausgarten nicht ausgelastet. Ich meine Frischverknallte.

Sibylle hat einen neuen. Sibylle ist immer ein wilder Feger gewesen, Reiten und Tennis, zwei Ehen, schicke Typen, aber eben, nun ja. Die Liebe war für Sibylle ein ziemliches Dschungelcamp, hätten Zuschauer das Wort gehabt, wären die Typen schneller rausgeflogen als bei ihr. Sibylle sieht auch mit just over sechzig so wundervoll aus, dass niemand versteht, wie sie ihre Frühpensionierung über die Bühne kriegen konnte. Waren die Sachbearbeiter blind? Die ersten Monate in Freiheit waren trotzdem nicht einfach. Aber dann. Ein toller Hecht. Partylöwe, also früher. Sie findet, die Mähne sei ein bisschen lang. Seine Figur hat in den Hechtjahren gelitten. Und dann der ewige Fußball. Die Samstage! Aber man ist reif für Kompromisse. Das Schönste, sagt Sibylle, sei – abends. Löffelchen machen.

Man erinnere sich immer an den ersten Geschlechtsverkehr, hat die Filmemacherin und Autorin Helke Sander klug geschrieben, aber *Der letzte Geschlechtsverkehr*, so der Titel ihres witzigen Buches, gebe sich oft erst nach Jahren zu erkennen. Das stimmt, aber auch in dem Sinne, dass einige, die ihr Beischlafleben für abgeschlossen hielten, von sich selber überrascht werden. Paul jedenfalls hat eine neue – Paul hat seine öde Ehe beendet, fügt sich jetzt ein und den Hund der Neuen aus. Anna hat sich verliebt, die Liebe ist sozusagen eine Teilmenge jener Energie, die sie abstrahlt, von den silbrigen Stiefeletten bis hin zu den flammenden Haaren. Unkaputtbar, auch wenn das Leben nicht immer anständig mit ihr umging. Karin, die vor einigen Jahren von ihrem Mann wegen einer jungen Liebe nassforsch aussortiert wurde, ist schon zum zweiten Mal sehr verliebt, und wenn man sie so sieht, wie sie ihr Gesicht zärtlich in ihren Samtschal sinken lässt – macht Sinn. Jutta hat ihren abgepasst, als er unglücklich verliebt war. Willi hat nach fünf Kindern nun endlich eine gefunden, die er liebt wie nie eine zuvor. Und Rose, die über siebzig ist und an der Hand einen hübschen Ring trägt, der aus dem Ehering geschmiedet wurde, nachdem ihr Mann starb, hat jetzt einen, mit dem sie sonntags segeln geht sowie den ganzen langen Sommer lang, eine hanseatische Lösung des Problems Alleinsein im Alter. Wie heißt es, frei nach Hans Albers? Uns trägt die Sehnsucht fort, unter uns das Meer und über uns Nacht und Sterne.

RÜCKBLICKE

MEMORY GAMES

Heute war eigentlich ein schöner Tag. Sagen wir, er fing gut an – blauer Himmel, davor die knospigen Apfelblüten, der Wind rauschte durch die Äste, schöner geht Frühling nicht. Ich stand im Garten einer Freundin und bewunderte ihre Tulpen – eine kleine Flotte in Gelb und Orange, wie gut gelaunte Beiboote poppten sie auf und nieder um die Buchsbaumkugeln herum, wie sie typischerweise den Garten der geschmackvollen Bevölkerung dieses Wohlstandslandes schmücken. Geschätzte zwanzig Mal Apricot, etwa dreißig Safrangelbe, ich fragte mich gerade, wie viele Tulpen man pflanzen muss, damit zwanzig oder dreißig von ihnen den Wühlmäusen entgehen, als die Freundin sagte: »Du hattest mir ja damals geraten, gar nicht zu gärtnern. Weil es bei dir ja immer alles nichts wird, fand ich so lustig, wie du sagtest, man könne das Geld eigentlich gleich ohne Umweg über Pflanzen verbuddeln.«

Wow. Schlag ins Kontor, hätte meine Mutter gesagt. Ich – die Gartenverächterin? Ich? Ausgerechnet ich? Ich bin nicht nur nicht gegen Gärtnern, ich bin ein Gardenholic. Ich schleppe so viele Pflanzen in meinen schmalen Garten, dass die Nachbarn schon mal angefragt haben, ob in meinem Garten noch genug Platz für mich selber sei, zwischen diesen vielen Pflanzen. Mein Gartenjahr beginnt im Januar mit den ersten Auftritten der Schneeglöckchen, und dann übernehmen sie die Bühne, bis alles weiß ist. Es wachsen die gemeinen Galanthus nivalis in meinem Garten und etwa vierzig seltene Spezies, ich liege allmorgendlich auf den Knien vor Galanthus Diggory und bewundere die wie gehämmertes Silber wirkende schimmernde Oberfläche. Ich möchte hier nicht ausführen, wie viel Geld es mich gekostet hat, bis eine Galanthus Lady Elphinstone ihre Reifröckchen zur Bewunderung freigegeben hat, oder was alles nötig war, um die kleine gelbe Schneeglöckchen-Ecke anzulegen, wir fragen ja auch nicht Angela Merkel, wie viele gelbe Jäckchen sie im Schrank hat und wer das bezahlt. Tatsache ist, ich bin, was Garten betrifft, ein wenig hemmungslos. Wie also komme ich in den Geruch, gartenphob zu sein?

Was man ist, wie man scheint. Es ist ein Geheimnis. Wer was erinnert, was von uns übrig bleiben wird, wer kann das sagen, was sich im Kopf der Leute verhakt hat? Und dort hängen bleiben wird, wenn man nicht mehr einen geraden Rücken machen und sagen kann: Wie bitte? Ich? Gartenphob? Darf ich mal daran erinnern, dass ich einmal aufs Land gezogen bin und dort eine Obstbaumwiese angelegt habe, als Schattenspender für die Hühner? Mit alten Apfelsorten? Hast du die Rose gesehen, die im Apfelbaum wuchert, The Alchemist, ein Wunder in Bernsteingold, was ist mit den beiden neuen Himalaya-Birken, die mit ihren leuchtend weißen Borken die weißen Adern in den Blättern des Kornusstrauchs vertiefen sollen? Hast du vielleicht vergessen, dass ich es war, die dir einmal aus meiner großen Bibliothek von Gartenbüchern einen kniehohen Stapel ausgeliehen hat, für noch mehr Ideen zum Gärtnern?

Erinnern, vergessen. Immer öfter denke ich jetzt daran, was von mir erinnert werden wird. Man möchte natürlich, dass es irgendwie etwas Schönes ist. Man möchte, gerade posthum, *bella figura* machen. Aber etwa diese Freundin, sie wird sich wohl daran erinnern, dass ich ihr vom Gärtnern abgeraten habe. Es wird dann zu spät sein für eine Gegendarstellung. Mir fallen einige Dinge ein, die Leute über mich gesagt haben, freche Unterstellungen, überbordendes Lob, komplette Unsinnsdinge. Einmal hörte ich, dass eine Nachbarin, die ich so gut wie nicht kenne, im Wartezimmer eines Arztes über Stunden die dort versammelte Mannschaft mit Schreckensgeschichten über mich unterhalten hat, eine Frau, mit der ich gerade mal »Guten Tag« wechsele, höchstens mal ein knappes Nicken. Unmöglich, dass sie etwas von mir wusste, aber das gab ihr offensichtlich viel Raum, sich etwas zusammenzureimen. Was haben wir gelacht! Was wird nicht alles erzählt, und dann irgendwann wird es stehen bleiben, als wäre es die Wahrheit über einen, und man selber wird fort sein, aber diese Erzählungen werden womöglich weitergereicht, schlagen Wurzeln, machen sich breit, während wir verschwinden. Und das ist nicht wirklich zum Lachen, man wäre ja noch nicht mal da, um mitzulachen.

Was, wenn etwa jemand wie diese Freundin meinen Nachruf schreiben würde, und dann stünde da: »Sie hasste Gärtnern«? Mir fallen einige ein, die würden vermutlich sagen: »Die redete zu viel.« Die alte Feindin: »Die stylte sich immer so, total spießig.« Der strenge Nachbar: »Wirkte die nicht überfordert?«

Mir graut vor der Zeit, wenn das Gesäusel beim Beerdigungskaffee verebbt ist. Was ist dann im Umlauf? Neulich bin ich in die Offensive gegangen, ich fragte eine Freundin, was sie von mir erinnern würde, wenn ich nicht mehr da wäre, und sie sagte: »Dass du damals, als du dich auf dem Weg zum Picknick an der Alster total verschätzt hattest und merktest, dass du schon eine Stunde zu spät warst und immer noch weit entfernt, erst mal das nächste Café angesteuert und dir zur Aufmunterung ein Glas Rosé Crémant bestellt hast. Das fand ich so cool.«

Cool? Jemand anders findet, ich sei so eine Diva. Alles Gossip natürlich. Aber es hat mich gequält, bis eine andere Freundin sagte: »Diva? Prima! Wär ich auch gern! Solltest du stolz drauf sein!« Wie also war ich, wenn ich weg bin? Cool? Divaesk? Supernervig? Herzlich? Hilfsbereit? Ich stelle mir vor, wie Barbara, die alte Freundin, wenn sie nicht schon selber tot wäre, was sie leider ist, dass sie es sich nicht nehmen lassen würde, zu meiner Beerdigung ein kleines Memo zu verfassen, in ihrer typischen einzeilig getippten Art, und es zu verteilen an alle Trauergäste, darin stünde todsicher: »Sie war so zart und zu dünn.« No chance, die Augen zu verdrehen und zu sagen: »Na ja, Barbara, wer ist das nicht, zart und dünn, im Vergleich zu deinen achtzig Kilo!« So würde ich im Lichte der Nachwelt als Bulimie-Gespenst herumkaspern. Was würden die Kinder sagen, an welche Mutter werden sie sich erinnern? »Mama war immer in Eile, kochte aber jeden Abend, meistens Nudeln mit Soße«? Oder: »Sie lebte ständig am Rande des Nervenzusammenbruchs, hatte aber trotzdem Zeit, nachts die Trikots für die F-Jugend zu waschen.« Würden sie darauf rumreiten, wie wir mal abends, nach einem hektisch eingekauften und gekochten Abendessen, Würstchen mit Kartoffelsalat, darüber stritten, wer aufsteht und den Senf holt, und ich dann einfach alle Würstchen in den Abfall donnerte? Der Ex? Der Neue? »War für jeden Unsinn zu haben!« Nee, klingt eher wie ein Nachruf auf meinen Spaniel, der ganz der flauschige überschwängliche Typ ist. Ob ich vielleicht schon so wahrgenommen werde wie er, als hätte ich mich im Alter meiner Töle angeglichen, gelte ich jetzt vielleicht auch als sprunghaft, kuschelbedürftig und kindlich?

Tatsache ist, wir haben keinerlei Kontrolle über das, was man von uns denkt oder erinnern wird. Was man von uns denkt oder erinnert, wird womöglich gar nichts zu tun haben mit dem, was man ist oder denkt, was man war. Oder sein möchte. Die Gestalt, die andere im Kopf behalten werden, wäre für einen selber womöglich eine komplett fremde Person. »Ich kenne Schiap nur vom Hörensagen«, schreibt die berühmte Modeschöpferin Elsa Schiaparelli spöttisch in ihrer Autobiographie. »Ich habe sie nur im Spiegel gesehen. Sie ist, für mich, so etwas wie eine fünfte Dimension.«

Man erinnert sich sogar selber, wenn man an sich denkt, an so sehr verschiedene Personen. Jetzt, wo ich älter werde, denke ich gelegentlich, und wenn ich ehrlich bin, immer öfter, an die, die ich war, bevor ich die wurde, die ich jetzt bin.

Ich erinnere mich, wie ich durch den Garten ging. Wir hatten einen großen Garten, drei Wiesen hintereinander, die erste führte vom Kies der Auffahrt zu einem

Blumenbeet, die zweite führte zum Gartenhäuschen, die dritte führte tief hinein in das Land, wo die Wiesen anderer Leute waren. Auf der dritten Wiese standen Obstbäume, ich erinnere mich, wie ich unter einem Baum stand, um den herum im Gras gelbe Früchte lagen, die voller Saft waren und süß, wenn man hineinbiss. Es waren Mirabellen, Reineclaude (»Reineklonen«, sagte ich damals), man biss hinein, und der Mund war voll von Saft. Meine Mutter pflegte zu sagen, dass sei typisch ich gewesen – reinzubeißen, bevor andere Kinder auch nur zu fragen wagen, ob sie eine Frucht aufheben durften. Freche kleine Susanne. Ob das stimmt? Keine Ahnung. Erinnerungen an sich als Kind im Garten sind ja ein Klassiker. »Als ich jung war und leicht unter den Apfelzweigen«, dichtete der große Waliser Dylon Thomas, »um das schwingende Haus und fröhlich grün wie das Gras …«

Ich erinnere mich selber eher an eine kleine ängstliche Person, die abends im Bett lag, wie immer viel zu früh, draußen war noch Licht, vom Bauernhof nebenan kam das Scheppern der Eimer aus den Ställen, man hörte die Leute rennen und rufen und lachen, und man selber lag wütend in seinem Bett wie in einem Sarg. Kein Wunder, dass Kinder so oft Angst davor haben, lebendig begraben zu werden, wenn man sie zu früh ins Bett packt. Wer aber ist man heute, im Bezug zu der kleinen Person, die wütend im Bett lag und dann einschlief und träumte, sie liege auf einem Satinkissen gebettet wie die alte Nonne, die in der Schule aufgebart gewesen war, zugedeckt mit einer Spitzendecke, und wie sie dann am Sargdeckel kratzen musste, weil jemand ihn zugeschraubt hatte, und aufwachte und schrie? »Susanne ist wieder überreizt«, schimpfte dann mein genervter Vater, herbeieilend, um die gellenden Laute zu besänftigen.

Ist dies dieselbe Person wie die pickelige, die auf dem Weg zur Tanzstunde kalkig weißen Lippenstift auftrug, wie es damals so angesagt und zu Hause absolut verboten war? Welchen Zusammenhang gibt es zwischen diesen verschiedenen Gestalten, und wäre dieser Zusammenhang das, was man war?

Es ist jedenfalls eine Entmündigung erster Klasse, so wenig Einfluss zu haben auf das, was andere von uns denken, weshalb nicht wenige sich der Mühe unterziehen, eine Autobiographie zu schreiben. Nur jetzt, wo man noch da ist, könnte man natürlich die Erinnerung der anderen an einen noch ein wenig drehen und wenden. Man hätte theoretisch in diesen letzten Jahren noch die Gelegenheit, Einspruch einzulegen oder etwas zurechtzurücken oder hinzubiegen. Okay, das wirkt jetzt vielleicht rechthaberisch. Man möchte auch nicht als Kontrolletti in Erinnerung bleiben. Vielleicht aber würde sich doch eine kleine Möglichkeit finden, ein wenig zu retuschieren. Solange man noch kann. Merkwürdig eigentlich, bei dieser ganzen Flut von Ratgebern, dass man im Alter dieses zu tun und jenes noch schnell zu lassen habe, dass es noch keine Ratgeber gibt, wie man beizeiten an seinem posthumen Image bastelt und feilt. Wie gibt man sich den letzten Schliff für die posthume Existenz?

Man könnte noch eine gemeinsame Erinnerung schaffen, eine Paddeltour vielleicht, über die mecklenburgischen Seen, wie man sie ja schon ewig plant und die auch und gerade bei Knieproblemen noch möglich ist. Oder man läuft, wenn man keine Knieprobleme hat, endlich diesen spektakulären Weg in die Dolomiten, und falls einen wie damals wieder dieser unerfreuliche Schneeregen auf 2500 Metern in Empfang nimmt, kann man immer noch vor der Silhouette der im Weiß verschwindenden Gipfel ein Selfie machen. Fotoshooting für die Ewigkeit, so wie es die Verteidigungsministerin, unsere Ursula, perfekt beherrscht, wie sie sich vor der Kulisse ihrer Kampfflieger in Position gebracht hat, um sich für den Fall, dass die nächste Wahlrunde verloren geht, doch als mental-mediale Skulptur von großer Anmut verankert zu haben – Respekt.

Das ist natürlich viel Programm für die letzten Jahre. Anstrengend und nur für die Schwindelfreien und Standfesten. Man könnte auf lau machen und sich darauf zurückziehen, dass es einem egal ist, wie die Leute einen erinnern, man selber wird ja nicht mehr da sein, um sich zu freuen oder zu ärgern. Man kann den Impuls, etwas dagegenzusetzen, als letzte Aufwallung von Rechthaberei begreifen, die man abstreift, für ein großes stilvolles Finale: Ist mir doch egal. Aber es ist mir nicht egal, weil ich ja noch lebe, und wenn ich tot bin, gibt es für nonchalante Gesten dieser Art keine Gelegenheit mehr. Auch die posthume Silhouette möchte man doch konturiert wissen.

WAS HÄLT

Bei allem, was man tut, kommt jetzt die Zeit zum Tragen. Man flöht den Kleiderschrank und überlegt, ob man dieses Kleid denn wirklich noch braucht, ob es sich lohnt, ein Kleid, das man einmal im Jahr trägt, im Schrank zu haben, bei überschlägigen zwanzig Jahren Maximum wären das dann ja nur ... Hmm. Man behält das Kleid, zur Vorsicht. Sozusagen als Pfand.

Mein alter Freund Bill ruft an und sagt, nach einem kleinen Klönschnack: Wir müssen uns wirklich mal wieder sehen! Ich sage, dass wir uns bei der Frequenz, in der wir das tun, also so alle fünf bis sieben Jahre, in unserem Leben etwa noch ein bis zwei Mal wiedersehen werden. Klingt leider etwas bissig und spitz. Ich schlage verlegen und schnell vor, dass wir die Frequenz ein wenig enger stellen, damit wir uns noch öfter sehen können, was freundlicher klingt. Im Raum steht, dass dies dann vielleicht noch drei finale Meetings sind.

Der Fußboden wurde überigens schon mal erneuert. Raus mit dem alten Müsli-Kork. Der neue Fußboden ist ein schönes Vintage-Linoleum, passend zum Geburtsjahr des Hauses, das ja auch meines ist, es ist so ein leicht altmodisches Linoleum, das einen kleinen Geruch ausströmt, der mich an meine Kindheit erinnert. Der Farbton: Silver Shadow. Das weist schon in eine Richtung, in die sich auch meine Haare entwickeln, die immer mehr silbrige

Schatten bilden. Ich hoffe, dass das im Gesamteindruck auch irgendwann mal so frisch und schillernd rüberkommt wie das neue Linoleum. Merkwürdig, dass man im Styling jetzt mit dem Fußboden wetteifert.

Der alte Einbauschrank wurde übrigens vor der Verlegung des Linoleums herausgerissen, damit der neue Boden das ganze Zimmer ausfüllt, der neue Schrank wurde nicht mehr komplett eingebaut, damit man ihn bei Bedarf auch wieder rausnehmen kann. Es wurde nicht ausgesprochen, was mit Bedarf gemeint ist. Die Regale im Flur wurden für das Verlegen des Linoleums abgebaut, damit Leute, die nach mir in diesem Haus wohnen und vielleicht nicht so viele Bücher haben, sie einfach rausschmeißen können und dann einen durchgehenden Fußboden haben. Es bleibt im Raum stehen, dass eine Zeit kommt, in der man nicht mehr in seinem Haus wohnen wird. Ich erwähne den Kindern gegenüber, dass ein kleines Haus in Hamburg ja ganz einfach zu vermieten wäre, wo ich jetzt alles in Schuss habe, ich sage, um die Kinder nicht zu erschrecken – »falls ich doch noch nach Berlin ziehe«. Kinder genervt. Mama!

Und noch ein neues Bett. Wirklich? Man zögert, sich ein neues Bett zu kaufen, dann sagt die Freundin ermutigend, das solle man jetzt unbedingt tun, und zwar sei eines zu kaufen, das hoch sei. Boxspring! Damit man später besser rein- und rauskomme. Will man also jetzt, wo man noch fit ist, ein Bett haben, das nur darauf wartet, dass man nicht mehr reinkommt? Andererseits, wenn man nicht jetzt ein hohes üppiges Bett kauft, wann dann? Wenn man so klapprig ist, dass man nicht mehr hochkommt, kann man dann überhaupt noch Betten shoppen? Und man will ja auch noch was davon haben. Man denkt an die Zeiten, in denen man auf einer Matratze am Boden schlief. Es war die Zeit, wo Freunde, die nicht auf dem Boden schliefen, ihre Matratze auf Paletten liegen hatten. Betten waren damals superuncool. Noch als die Kinder klein waren, lag die Matratze auf dem Boden, was sehr praktisch war, weil sie die Matratze gleich als Raufunterlage nutzen konnten, wie eine Turnmatte. Jetzt also ein hohes Bett zum späteren besseren Reinkommen und Aussteigen. Man prüft den Kontostand, denn so ein Bett ist erstaunlich teuer, man ertappt sich dabei, dass man haltlos nach dem elegantesten der hohen Betten Ausschau hält, um den Charakter eines Seniorengesundheitsbettes durch Luxus zu vertuschen. Boxspring ist vermutlich so angesagt und so unverschämt teuer, weil es viele ältere Menschen gibt, die Bett-Shoppen betreiben, um so trübe Gedanken zu vertreiben. Die Boxspring-Woge koinzidiert mit der Alterspyramide. Exzellente Geschäftsidee! Ein Freund, der vor Jahren Autos verkaufte, erzählte mal, wie das abläuft, wenn ein alter Mann mit Sohn kommt, und sie suchen ein Auto für den alten Mann. Der alte Mann sagt also: »Aber ich bin natürlich schon ziemlich alt, was ist denn, wenn ich nicht mehr da bin?« Man erwidere dann, erklärte der Freund, dass der Wiederverkaufswert des Wagens ziemlich gut sei. Ob das wohl auch auf Betten zutrifft?

Man versucht, nicht daran zu denken, dass man dieses Bett irgendwann nicht mehr brauchen wird. Man ist noch nicht so weit, sich vorzustellen, was ja so oft gedankenlos beschworen wird, dass die meisten Alten in ihrem

Bett sterben wollen. Die meisten Alten wollen vermutlich gar nicht sterben. Man versucht zu vermeiden, sich in diesem Bett tot vorzustellen. Aber während man es versucht, schleicht sich so als kleiner Nebengedanke ein, es wäre doch schön, wenn schon tot, dann wenigstens in einem superstylischen Bett zu liegen. Macht das Ambiente auch viel angenehmer für die Familie.

Man denkt jetzt also immer öfter an die Welt nach einem. Lange fand man das kleine Reihenhaus einfach spießig und peinlich. Alle Leute fanden das Reihenhaus superspießig. Jetzt fällt einem auf, dass es auf gewisse Weise hartnäckig und langlebig ist, jedenfalls langlebiger als man selber. Neulich erschien sogar in einem angesagten Kulturmagazin ein Artikel über unsere kleine Reihenhaussiedlung, vor allem, weil ein Redakteur dieses Magazins hier auch wohnt, und neben viel Jubelei (im Stile von so bunt hier und so viele Kinder) wurde erwähnt, es sei so bunt hier mit so vielen Kindern, weil viele der Alten, die nachts noch auf ihren kribbelnden Restless Legs durch die Gärten irrten, irgendwann mirakulöserweise verschwunden wären und so Platz machten für noch mehr Buntheit und Kinder. Danke, Herr Nachbar. Ich habe aber vor, hier noch ein bisschen zu bleiben. Aber während ich noch bleibe, fällt mir auf, dass natürlich schon eine Generation aus diesen Reihenhäusern verschwand, als ich mit meinen Kindern anrückte, einige durch Zwischenlagerung in Altersheimen, einige, die sich »verkleinern« wollten. Hässliches Wort.

Nun gut, es gibt einige Freunde, die auf großem Fuß lebten und denen das jetzt zu groß wird. Menschen, die jahrzehntelang, während sie florierende Anwaltspraxen be-

trieben, gleich noch Ländereien hatten, die sie mit Scha-
fen und Pfauen, Ponys und Hunden bevölkerten, denken
jetzt über ihre Seniorenzeit nach, auch als Großprojekt,
mondäne gemischte Wohnanlage, eingelagerte Eigentums-
wohnung mit Lift und natürlich 100 Quadratmeter Dach-
terrasse. Die gehen jetzt Blumenkübel shoppen. Aber verkleinern? Aus dem kleinen Reihenhaus? Ich warte ein
bisschen darauf, dass der Erste kommt und sagt: »Wie lange willst du denn noch hier bleiben?«

Man blickt jetzt anders. Früher erkundete man Städte, natürlich am liebsten Altstädte. Im Sommer lässt man
sich vielleicht durch Lyon treiben, wo zwischen den alten
Geschäftshäusern lange verwinkelte Gänge liegen, durch
die im Mittelalter die Waren von einem Lager zum anderen geschafft werden konnten. Die Lager, die Waren, die
schleppenden Lehrlinge – weg. Im Winter streift es sich
schön durch Stockholms Gamla Stan, die auf einer gut zu
verteidigenden Insel liegt, auf der die Häuser schlank nach
oben wachsen und sich zugleich eng aneinanderdrücken,
vor ihnen sind Tannenzweige auf den Schnee gelegt, damit man nicht ausrutscht, sozusagen seniorengerecht, aber
doch sehr geschmackvoll, dazwischen lodern kleine Feuer in Schalen, wie man sie bei uns als »ewiges Licht« nur
auf Friedhöfen findet. Gamla Stan hält schon ewig, hier
und da ein Farbtupfer, fertig. Man wird ein kleines bisschen neidisch, man denkt daran, wie viele Generationen
in diesen alten Häusern schon gelebt haben und weg sind,
aber diese Häuser gucken wie eh und je schmal und hoch
auf uns kleine Menschen runter und fragen sich vielleicht,
ob wir auch bald weg sind wie die Generationen vor uns,

die hier herumschlenderten. »Wir denken: Die Zeit vergeht. Dabei sind wir es, die verschwinden«, heißt es in Thomas Hettches *Pfaueninsel*.

Der Blick der anderen auf einen wird jedenfalls schärfer. Ich stehe rätselnd vor den neuen Winterstiefeln. Der Verkäufer, der wundervoll tätowierte Arme hat, sagt, sie seien schon sehr teuer, aber sie würden ja auch zwanzig Jahre halten, und ich müsste dann gar keine weiteren Stiefel mehr kaufen. Erschrockener Blick, von ihm. Erzähle ich meinem Freund Markus, und er lacht sich halbtot (ein Wort, dass man immer öfter zu vermeiden sucht), und Markus erzählt, dass in seinem Garten Pflöcke für die neue Terrasse eingeschlagen wurden und auf seine vorsichtige Nachfrage, ob das auch fest sei, die pampige Antwort kam: »Das hält jetzt zehn oder fünfzehn Jahre, da brauchen Sie sich keine Gedanken mehr drum zu machen!«

Das sind natürlich absurde Zeitspannen. Vielleicht nicht aus der Perspektive einer Eintagsfliege, die offensichtlich fern von trüben Gedanken ihrem Ende entgegenbrummt. Aber es ist ungewohnt, sich in der Sorglosigkeit einer Eintagsfliege zu üben. Man denkt an Henning Mankell, der im letzten Jahr starb und in der Zeit seiner Krankheit, die er »Tage der Dunkelheit« nannte, seinen Freund P. O. Enquist zitierte, der seinerseits schon viele schwere Krankheiten überlebt hat. P. O. habe gesagt: »Eines Tages werden wir sterben. Aber an all den anderen Tagen werden wir leben.«

SCHUSS VOR
DEN BUG

Das weiße Huhn kränkelte. Das weiße Huhn war bislang
die feinste Erscheinung auf der Hühnerwiese, aufgeplus-
tert mit seinem makellos weißen Gefieder und um den
Hals ein schwarzer Spitzenkragen, ein Motiv, das sich am
Schwänzlein als Geflatter von Schwarz wiederholt. Die
Beine sollten bei einem Sussex reinweiß sein, aber wir sind
hier ja nicht bei der Rasseüberwachungsanstalt, das Huhn
stakste jedenfalls mit seinen fast weißen Strümpfen zierlich um Wiesenschierling und Apfelbäume. Nun schwankte
die Henne durchs Gras wie ein Schiff in hoher Dünung.
Deutlich Schlagseite. Das Schicksal hatte ihr eins verpasst,
früher hätte man »Schuss vor den Bug« gesagt. Die Henne setzte ihr linkes Bein vor, in diesem süßen Stechschritt,
der auf der Hühnerwiese so gar nichts Militärisches hat,
sondern etwas fast Nachdenkliches, fast Affektiertes, und
dann – als die zweite Klaue nach vorn schießen sollte –
knickte das linke Bein weg, das rechte wurde mühsam her-
angeführt, im Gesamteindruck: holprig.

Mein erster Impuls: Mitleid und Furcht. Mitleid wegen
dieses Verlustes an Eleganz, diesem Eindruck von Schmerz.
Furcht wegen, nun ja, auch ich habe nach vielen Jahren, in
denen ich mit dem Bemühen um Leichtigkeit an der Elbe
entlanggeflogen bin, nun gelegentlich etwas Holpriges im
Gang.

Kann man sich mit einem Huhn identifizieren? Ist das klug? Die anderen beiden Hühner jedenfalls versuchten die Situation zu ignorieren. Dazu haben sie allen Grund. Sie sind von der Rasse »Legehenne«, das bedeutet so viel wie: Sie haben die Arschkarte des Lebens gezogen. Legehennen sind auf kurze Lebensdauer gezüchtet. Egal, wie sie sich halten, in ihren Genen ist eine Sollbruchstelle einprogrammiert. Für diese beiden Hennen wäre das Leben einmal schon fast vorbei gewesen, aber ein Nachbar bemerkte sie, weil sich im Mülleimer an der Straße etwas rührte, er hielt an und das, was im Mülleimer wogte, waren die Hühner, auf dem Weg in den Schredder des großen Müllwagens. Ausrangierte Tiere, ausgestallt, wie der Fachmann sagt, wegen möglicher Legeschwäche, entsorgt, und wäre Herr Schmidt nicht vorbeigekommen und hätte dieses schwache Wogen bemerkt, nur Minuten später wäre der große Müllwagen da gewesen.

Jetzt also sind sie bei uns. Am Anfang, ehrlich gesagt, waren sie keine große Zierde, sie sahen gerupft und zerzaust aus. Dann zeigte sich, was bei guter Pflege, der richtigen Körnermischung und einem hübschen Umfeld aus jemandem werden kann, der schon mal aussortiert war. Man kann sich das gern als Vorbild nehmen, wenn man einen flauen Tag hat und schon morgens der Blick in den Spiegel ein zwar bekanntes Oval einfängt, aber doch hier durchfurcht oder da verbeult, die Lidränder unangenehm röter als die Lippen, man kann so in einen Zustand geraten, in dem man glaubt, das alles werde nicht mehr. Die Legebatterie-Hennen jedenfalls plustern sich heute so über die Wiese, dass es eine Art hat und als wäre nie etwas ge-

wesen; die Gestalt ein elegantes Toffeebraun, die Schwanz-
spitzen zeigen ein helles Creme-Karamell. Es geht ihnen
gut. Sie haben ihren Schuss vor den Bug überlebt, außer-
dem sind sie zu zweit, was auf das Sussex-Huhn leider nicht
zutrifft, das auch einmal zu zweit seine Bahnen über die
Wiese zog, bis eines Tages der Fuchs kam, und wusch, da
war es nur noch eines.

Das Leben hat viele Feinde, weshalb einige Hühner,
wie es ja auch auf Menschen zutrifft, nicht auf die statistisch zu erwartende Lebenszeit kommen. Mal ist es der
böse Habicht, der zuschlägt, dann der Marder – unver-
gessen die Episode, als wir so ein befremdliches Gebilde
im Giebel unseres Reetdachs hervorquellen sahen, etwas
Schwarz-Weiß-Gepunktetes, das sich als das Hinterteil
des Sperberhuhns erwies, das wir schon vermisst hatten,
allerdings lange, ohne einen Zusammenhang zu erkennen zwischen dem Luftloch, das ein Sperberhuhn auf der
Wiese hinterlässt, und dem Geplustere, das im Loch des
Dachs feststeckte. Wenn der Tod zuschlägt, bleibt oft wenig übrig, auch wenn man bei Lebzeiten ein Vorzeigeex-
emplar gewesen ist.

Das Sperber-Huhn ist mehr als ein Vorzeigeexem-
plar. Es ist eine Legende, mit seinem schwarz-weiß ge-
tupften Federkleid erstmalig 1903 in Duisburg ausgestellt,
Legeleistung max. 230 Eier pro Jahr, es trägt den Titel
»gefährdete Nutztierrasse des Jahres« – was der Marder,
der unter meinem Dach nistet, vermutlich nicht wusste.
Vielleicht weil er sich auf die hochgelobte Fleischleistung
des Sperbers konzentrierte, als er sich das Huhn schnapp-
te, um dann zu merken, dass eine Henne von etwa zwei

Kilo nicht durch ein schlankes Marderloch passt. Dort also klemmte sie nun fest, umschwirrt von Fliegen. Was zum Auftritt von Herrn Thiessen, dem Dachdecker, führte, zackzackzack hatte er seine lange Leiter aufs Dach hochgeschlagen, war mit seinen strammen Waden hochgestratzt, wumms und rumms, lag das Huhn unten im Hof beziehungsweise, was von ihm übrig war. Der Rest vom Rest des Huhns ist schnell erzählt. Noch während Thiessen mit flinken Fingern das Dach flickte, prasselten gute Ratschläge auf mich herunter: In Zeitung einschlagen! Plastiktüte drüber! In die Mülltonne!

Immer droht die Mülltonne, auf die eine oder andere Weise. Man ignoriert das am besten. Häufig tritt diese Bedrohung rein mental auf. Wenn meine Mutter vom Shoppen in der Stadt kam, pflegte sie mit dramatischer Geste auf ihren rechten Knöchel zu zeigen, der nach stundenlangem Herumgetigere zwischen Leffers, Appelrath-Cüpper und Kaufhof ein wenig geschwollen war. Erstes Alterungszeichen!, jammerte sie. Schon mit dreißig, schon mit vierzig, schon mit fünfzig!

Meine Mutter war einmal, als sie selber noch ein junges fesches Huhn war, hochbeinig herumstaksend, zur Steigerung dieses Eindrucks gern auf High Heels – nun, in dieser Phase des Übermutes war sie einmal umgekippt, von der Bordsteinkante herunter in das, was man damals Gosse nannte. Ein Vorgang, den alle anständigen Leute damals für eine angemessene Strafe für so viel Hoffart hielten. Die Strafe bestand eben in einem ab und zu anschwellenden Knöchel, und dann, als meine Mutter in die Jahre kam, wuchs sich das Geschehen zu einem nekrösen Vorgang aus, was zu einer Versteifung ihres Fußes führte, was meine Mutter mit einem bitteren »Jetzt bin ich ein Krüppel« zu kommentieren pflegte. Das hatte etwas Selbstverletzendes, führte aber nicht dazu, dass ihr Radius enger wurde. In ihren letzten Jahren entwickelte sie sich zur Reise-Oma, die genügend Flughäfen der Welt kannte, um sich lauthals über die langen Laufwege zu den Gates zu beschweren, in Frankfurt oder Shanghai oder Melbourne.

Ich versuche also, die gelegentlichen Holprigkeiten meines Ganges locker zu nehmen. Manchmal ertappe ich mich dabei, wie ich lauthals darauf hinweise, dass es sich um eine Sportverletzung handelt – es ist beim Joggen passiert! Manchmal tut es so weh, dass ich mich schon am Gehwagen sehe. Aber das muss natürlich nicht sein. Neulich, als ich Gemüsereste zur Hühnerwiese brachte, überraschte mich das weiße Huhn. Ich hatte eine Spargelspitze über den Zaun geschleudert, alle drei Hühner legten einen Sprint ein. Wer gewann? Ms Sussex! Zog an allen vorbei und: Pick! Mit links, im wahren Sinne des Wortes.

Dann waren wir verreist, und als wir zurückkamen, war das weiße Huhn weg. Verschwunden, ohne ein Flaumhärchen zurückzulassen. Weg waren auch die beiden, die wir dem Legebatterie-Tod entrissen hatten und die nun, nach einem schönen Sommer, offenbar einem viehischen Feind zum Opfer gefallen waren. Das Leben ist unzuverlässig. Eine Nachbarin fiel um beim Rasenmähen. Aneurysma und aus. Uli, der Schreiner, ein paar Jahre jünger als ich, der mir gerade noch seine blitzende Vespa vorgeführt hatte, mit der er seine Vintage-Jahre durchpflügen wollte, lag morgens kalt im Bett. Nun, wie las ich neulich? »I shall sleep when I die, lie in the dark talking to myself.« So viel Zeit ist immer noch.

DER RALLYE-
STREIFEN-LOOK

Neulich, es war wieder einmal ein neues Magazin für ältere Ladys erschienen, war ich denn doch gerührt. Genauer
gesagt, war ich erst einmal erleichtert, weil das Heft in der
Sektion Schminken nicht schon wieder eine neue Variante
von Smokey Eyes für den After-Dinner-Cocktail vorstellte,
ich meine, dunkel umrandet sehen meine Augen schon aus,
bevor auch nur gefrühstückt wird. Das war übrigens schon
so, als ich noch ein Vorschulkind war, was leider bei meinen Eltern zu der Ansicht führte, »das Kind« sei überreizt.
Mein Vater verordnete eine Stunde obligatorischen Mittagsschlaf pro Tag. Zur besten erwachsenenlosen Zeit, mit-
tags, wenn Erwachsene abschlaffend rumhängen und die
Kinder die Welt für sich haben, hörte ich meine Alters-
genossen also in meinem Zwangsmittagsschlaf draußen
toben. Es wird niemanden erstaunen, dass sich die Isola-
tionshaft für mich nicht entspannend auswirkte. Meine
Augenringe verschwanden nicht, was nicht zur Aufhebung
der mittäglichen Sperrstunde führte, sondern zu ihrer ver-
schärften Durchhaltung. Worüber die Augenringe über die
Jahre noch ein wenig dunkler wurden. Statt Smokey Eyeshadow benutze ich daher literweise Concealer.

   In dem neuen Magazin für Vintage-Ladys wurde zu
meinem Erstaunen eine heftige Colorierung propagiert.
Auf dem Cover schon sehr roter Lippenstift, sehr schön.

Es wird meiner Meinung nach zu wenig roter Lippenstift getragen, wo doch roter Lippenstift ablenkt von 1. Falten und 2. müden Haaren und 3. ollen Klamotten. Dunkelroter Lippenstift ist so vintage. Mit dem richtigen roten Lippenstift, sagt meine Freundin Ina, könnte man fast nackt rausgehen, und keiner würde es merken. Von dieser Art von Rot war also der Lipstick der offensichtlich mit Fotoshop geglätteten Dame auf dem Cover, drinnen hieß es: »Raus aus der Grauzone!« Da war er wieder, dieser muntere Durchhalteton, dieses krasse Anfeuern für das beste Gruppenergebnis der Bundesjugendspiele, nun also auch immer noch im Alter. Kein Entkommen.

Man sieht auf den Make-up-Seiten dieses Magazins eine Lady, die Knallrot nicht auf den Lippen, sondern auf den Lidern trägt. Wer's mag! Es gibt schwarz-rote Lippen und Eyeshadow in Glitterhimmelblau, eine der Damen hat auf dem linken Auge einen orangeroten Lidstrich und auf dem rechten einen dunkelgrauen. Ihre Schläfen werden von ihren knallroten Nägeln gestützt, der Kopf lastet so schwer auf ihnen, dass sich die zarte Augenhaut zu vielen kleinen Falten drapiert, der Blick geht nach unten, als suche er dort Antwort auf die Frage, ob man es im Alter mit der Farbe nicht auch ein wenig übertreiben könne. Man blättert um und sieht ein kleines altes Gesicht, über jedem Auge liegt ein daumenbreiter orangefarbener Bogen, wie von einem Clown-Assistenten mit einem dicken Pinsel über die Augenbrauen gemalt, vielleicht als Ablenkung von der bedauernswerten Tatsache, dass Augenbrauen sich im Alter wie ja leider auch die Lippen gern verdünnisieren. Und so geht es weiter. Farbe, Farbe, Farbe.

Es stimmte mich nostalgisch, weil es mich daran erinnerte, wie wir in jungen Jahren auch so fett Farbe auf-
trugen, meine Freundin Elke und ich. Wir malten im äu-
ßeren Augenwinkel schmale, zu den Schläfen verlaufende
Striche in Pink und Grün und Blau oder Rosé und nannten sie Rallyestreifen. Sie waren ähnlich wie die roten Lid-
striche in dem neuen Oldie-Magazin, sie sahen allerdings
an unseren glänzenden jungen Augen frischer aus. Nie
fühlte sich das Leben flotter an als damals, als Elke und
ich mit diesen Rallyestreifen morgens in den Torpedo-
Gang hochschalteten und aus dem Haus stratzten, ich
überlege, wie viel Spaß es wohl heute machen würde, mit
Elke daumenbreite orangefarbene Augenbrauen zu malen, wie viel Spaß wir haben könnten, Elke und ich, wenn
Elke nicht gestorben wäre.

Als wir damals jung waren, startete Elke morgens früh
aus ihrem Loft in Berlin-Friedenau zum Flughafen, ihre
Boots knallten durch die 300 Quadratmeter große Wohn-
halle, wenn sie um 5.30 Uhr ihren Abgang machte. Up and
away, mit dem ersten Flieger. Elke war Biologin, eine Um-
weltexpertin, Arbeitsgruppe Waldschäden, eine Aufgabe,
der sie keineswegs in Förstergrün nachging. Was man in
Bonner Ministerien von einer Schönheit dachte, die im
Minirock daherkam und während ihres Vortrags provokativ Rallyestreifen in den Augenwinkeln blitzen ließ, das
erzählte mir Elke abends, wenn sie mit dem letzten Flug
wieder eingeschwebt war, Geschichten über Verehrer und
Stalker, bei denen sie einmal rasend vor Vergnügen mein
sommerlich unbestrumpftes Bein ergriff und herzhaft hineinbiss und wir beide vor Lachen fast vom Sofa fielen.

Alle liebten Elke, die Ministerialräte liebten sie, die Waldforscher, ihr kleiner Sohn, ihre sogenannten Typen, es gab eine stille Übereinkunft, dass Elke das Beste von uns allen hatte, mehr Schneid, mehr Witz, mehr Schönheit. Sie saß am Wochenende in ihrer rotblonden Pracht, nackt bis auf einen Slip, auf der durchgerosteten Hollywoodschaukel ihrer wildbewucherten Laube und hielt Hof. Eine Stéphane Audran aus Berlin-Friedenau. Wir kuschelten neben ihr oder zu ihren Füßen und quatschten und quatschten, während rings um uns die reifen Äpfel und Birnen herunterploppten, die wir später aufsammelten und zu Most verarbeiteten. Es war so das pralle Leben. Dann wurde Elke krank, und die Krankheit legte es darauf an, all das abzunagen, was an ihr und dem Leben so schön war. Sie alterte, wie sie gelebt hatte, im Rallye-Torpedo-Tempo, und so zeigte sie uns in diesem Fast-forward-Modus, wie man das mit Grandezza hinbekommt. Bei jedem kleinen Altersschub wende ich mich heute innerlich ihr zu und will fragen: Also so?

Taumeln, nicht mehr so trittsicher sein. Es ging los, wie es eben losgeht, wenn der Körper nicht mehr will. Einmal lief sie hinter einem Bus her, und plötzlich stimmte was nicht mit dem Fuß, und sie schlug hin. Einmal stand sie vor dem Schrank, den sie in abstrakten kalkigen Mustern bemalt hatte, und ihr schwindelte, sie griff nach dem Schrank, und er kippte um, auf sie. Die Hände wurden taub, wie es alte Leute beschreiben, etwa Hertha, die alte Dame, die neben meiner Mutter wohnte und die jeden Morgen, wie sie einmal mit freundlichen gelassenen Worten beschrieb, nach dem Aufstehen ihre Hände in warmem Wasser badete, bis sie nach dem langen Stillliegen in der Nacht wieder beweglich wurden. Aber die Nachbarin war fast achtzig, und Elke war noch nicht mal Mitte vierzig, und Hände baden hätte bei ihr nichts genützt. Die Hände, mit denen sie nächtelang Referatsvorlagen getippt und im Garten gesät und auch getöpfert und gemalt hatte, wurden nutzlos.

Eines der letzten Gemälde von Elke schmückte einen Kopfkissenbezug, es zeigte eine abstrakte Frauengestalt, ein bisschen Picasso, mit runden Armen, in denen Elke ihren frischgeborenen Sohn bettete, den sie schon wenige Monate nach seiner Geburt nicht mehr mit ihren Armen halten konnte. Das Bild mit der Kopfkissenmutter und dem Baby wurde als Geburtsanzeige verschickt, darunter stand eine Zeile von Musil: »Das Leben bildet eine Oberfläche, die so tut, als ob sie so sein müßte, wie sie ist, aber unter ihrer Haut treiben und drängen die Dinge.« Kann man sich stilvoller von der Mutterrolle verabschieden?

Ihr Rollstuhl war knallrot wie unser Lippenstift, eine Sonderanfertigung natürlich, und hatte wie der Buggy ihres Sohnes weiche Räder, die sich um sich selbst drehten. Wenn wir sie damit herumwirbelten, lachte sie mit uns. Schon damals habe ich mir vorgenommen: Sollte ich mal angewiesen sein auf einen Gehwagen, dürfte er nicht so apothekenmäßig daherkommen wie die Modelle, die man heute überall sieht, es müsste schon einer sein, bei dem Elke den Daumen heben würde, wenn ich ihm vorführte. Aber wie es war, fuhr sie uns voran, in eine Lebensphase, in der man sich vielleicht nicht mehr auf den Beinen halten kann, wie es uns vermutlich auch einmal passieren wird, aber doch noch was losmacht, wie wir es hoffentlich auch tun. Es schien kein Limit zu geben, wohin man mit Rollstuhl kommen kann, und ich hoffe sehr, dass ich mich daran immer erinnern werde, wenn auch ich einmal im Rollstuhl sitze.

Sie ließ es sich nicht nehmen, einmal im Jahr von Berlin aus aufs Land nach Schleswig-Holstein zu fahren, wo der Zug an einem Bahnhof in Dithmarschen hielt, der keinen Bahnsteig hatte, der Zug fuhr dann ein, die Tür des Gepäckwagens öffnete sich, in dem Elke mit ihrem Rollstuhl verstaut worden war, und einige Männer hoben den Rollstuhl mit Elke heraus auf die Schotterpiste, und da stand der Rollstuhl und in ihm saß Elke und freute sich wie Bolle. Dann nach Hause, und wir saßen auf meiner Wiese, und die Äpfel ploppten um uns herum ins Gras wie sonst immer bei ihr in Berlin, es machte uns auch ein wenig traurig, es war, als säße man in einer riesigen Sanduhr und von oben kämen Geschosse.

In einem ihrer letzten Gedichte, die sie auf dem Computer tippte, indem sie mit dem einzigen Finger, den sie noch bewegen konnte, die Maus bediente, heißt es:

Mir ist so Herbst ums Herz geworden
mir ist als fielen goldene Blätter
hinter mir bei jedem Schritt
auch heftet sich mein Auge
unscharf nur an ein Morgen
ich möchte gerne mir die Jahre borgen
um mit euch hier zu bleiben
um mich am Leben noch zu reiben

doch wenn der Weg mich aus der Welt führt

dies Herbstlicht meine Tage kürt

gehe ich zu euren Herzen

und verweile dort

ich reise fort

ein Lachen von weit

lädt mich ein zum Tanz

mit den Schwestern der Zeit.

Eines der letzten schönen Bilder zeigt Elke in Afrika. Ni-
geria! Sie sitzt in dem kirschroten Rolli, sie trägt ein ap-
felgrünes Minikleid zu gelb-schwarz gestreiften Leggings
und über den Leggings schwarze Overknee-Kniestrümp-
fe. As sexy as can be, unter den Bedingungen eines Roll-
stuhls. Ihr leuchtend hennarotes Haar wirbelt unter so etwas hervor, das man als Spitzen-Kippa für durchgeknallte
Ladys bezeichnen könnte. Ihr Sohn, nun schon vier Jahre
alt, krabbelt gerade auf ihren Schoß, beide sehen glücklich aus.

Es sei interessant, sagte sie einmal, festzustellen, wer
man sei, wenn man viele der Dinge, von denen man glaub-
te, dass sie einen ausmachen, nicht mehr tun könne. Jetzt,
wo die Zeit kommt, in der man selber das eine oder andere aufgeben muss – das alpine Wandern, irgendwann den
Job, womöglich das Autofahren –, muss ich immer öfter
daran denken, was sich im Zeitraffertempo aus ihrem Leben damals verabschiedete. Sie hatte, als die Krankheit
sichtbar wurde, noch solange es ging ihrer Leidenschaft,
dem Stepptanzen, gefrönt. Sie hatte noch lange Zeit Akten
durchgearbeitet, die man ihr nach Hause brachte. Sie muss-

te damit aufhören, musste dann aufhören zu gärtnern. Aufhören zu malen. Einmal fragte ich sie, was das Schwierigste bei dem ganzen Aufhören sei. Das beantwortete sie nicht, sie beschrieb nicht das Schwierigste, sondern das Merkwürdigste, sie sagte, dass sie sich einfach nicht daran gewöhnen könne, dass jemand Fremdes ihr Gesicht eincreme. Auch ganz unerträglich: nicht mehr mit den Armen einen Geliebten umfassen zu können.

Es gab noch immer Männer, die sich haltlos in Elke verliebten, so viel war immer noch von ihr da. Sie hatte mehr Liebesaffären als einige von uns. Ihr vermutlich letzter Lover war ein junger Mann vom Pflegedienst, der in indischen Plusterhosen daherkam. Ich kann mich nicht erinnern, sie einmal jammern gehört zu haben. Aber ich kann mich daran erinnern, dass sie einmal, als die Diagnose klarer wurde, ängstlich aussah, und es durchfuhr mich wie ein Schock, weil ich verstand, dass etwas Unausweichliches kam.

Die Freunde pilgerten zu Elke und erzählten ihr von ihren schwierigen Leben, und sie hörte zu. Es war ein wenig absurd, aber es war so, als wäre sie immer noch die Queen, als schälte die Krankheit eine Kraft heraus, die immer da gewesen war. Es war ein wenig so, als wäre sie unsere Pythia. Nicht wir trösteten sie, oft war es andersherum. Sie zeigte eine Klarheit den Dingen gegenüber, die uns selber gelegentlich abhanden kam. Einmal, erinnere ich mich voller Scham, stand ihr Rollstuhl in der Küche, der Rollstuhl stand neben der kleinen Wippe, in der mein neues Baby lag. Die beiden schauten schweigend zu, wie ich kochte. Reden war für Elke jetzt sehr schwierig geworden.

Ich schnippelte also und rührte, während ich von den Nächten erzählte, in denen jetzt kaum noch geschlafen wurde, von dem Taumeln durchs Büro nach einer durchbrüllten Nacht, von dem Herzschmerz, den ein untreuer Geliebter verursachte, von diesen Wirren in der Mitte des Lebens, dann merkte ich, dass sie versuchte, etwas zu sagen.

Wenn Elke versuchte zu sprechen, war es ein mühevolles Grimassieren, die Laute, die aus ihrem Mund kamen, wollten oft nicht zu den Mundbewegungen passen, und immer wenn sie stecken blieb, musste sie, irgendeinem Zwang folgend, wieder von vorn mit dem ersten Wort des Satzes anfangen. Diesmal war es irgendwas mit N-a-, aber was? N-a-ch? N-a-men? Sie versuchte es wieder und noch einmal, wieder neu, nach N-a kam ein zweiter kleiner Laut, bloß welcher? Und sie setzte wieder neu an. Dann verstand ich, dass der Satz schon komplett war. Er lautete: »Na und?«

Nur einmal, erinnere ich mich, legten wir die Köpfe aneinander und weinten, aber gesagt wurde so gut wie nichts, es war ja alles klar, wir wussten, wohin das alles führen würde, bald bei ihr und irgendwann bei uns allen. Darüber zu reden – Kraftverschwendung, hatte sie einmal gesagt. Sie wolle ihre Kraft nicht vergeuden, sondern mit ihr in jeden einzelnen Tag gehen.

Das Ende? Die einzige Antwort, die sie mir schuldig blieb, war die: Fühlte es sich so an wie diese endlosen erzwungenen Stunden von Mittagsschlaf?

IST HIER JEMAND?

Gestern Abend spazierten wir an dem kleinen Cottage vorbei, das ein wenig zurückgesetzt von der Straße liegt, am Ende einer Auffahrt, die jetzt mit hohem Gras bedeckt ist. Wo nur der alte Mann sein mochte, der hier früher immer den Rasen mähte? Ich sah zum Haus und bemerkte, dass der Efeu um die kleinen Fenster mit den Sprossenscheiben gekrochen war und von dort hoch zum Dach wucherte und sich in das alte schüttere Reet klammerte. Blinde Scheiben. Gefühl der Bangigkeit. Man tut so was ja nicht, aber ich ging dann doch den Weg hoch bis zur Tür, eine alte, schön gezimmerte Holztür, die in einer Nische liegt, in der sich braunes Laub angesammelt hatte. Noch im Juni! Verblichene Reklameblätter im Briefkasten. Offensichtlich waren die alten Leute lange nicht hier gewesen. Ich ging um das Haus herum bis zu der Terrasse, auf der ein paar schiefe Sessel standen, bis zu den Knien im alten Laub. Der Garten – eine Wildnis.

Man konnte von der Terrasse aus, wenn man die Augen mit der Hand abschirmte, in das Haus blicken, die Augen über den Esstisch mit dem Teestövchen und den schönen Holzstühlen zu den Bildern wandern lassen, herrliche Rothko-Poster, an die Wand genagelt. Hohe Bücherregale. Eine Jacke, auf einem Stuhl abgelegt. Ein Stapel CDs, als hätte sie jemand gerade durchgeblättert, auf der Suche nach diesem wunderbaren Streichquartett, welche

Nummer noch mal, Liebes, du weißt schon, Beethoven? Es-Dur? Aber Stille. In der Ecke ein Rucksack, als ginge es gleich zum Einkaufen. Aber man sollte sich nichts vormachen. So sieht es einmal aus, wenn es vorbei ist, mit dem Einkaufen, mit Beethoven hören, dem Lesen der Bücher. Oder drängen sich diese Gedanken nur auf, weil ich fürchte, irgendwann, vielleicht ja schon bald, könnte jemand um mein Haus schleichen, durch die Scheiben sehen? Die alte Kommode meiner Mutter entdecken, mit ihren geschnitzten Blumenranken. Heute kann ich mich noch erinnern an das Gefühl dieser Ranken unter meinen kleinen, Halt suchenden Händen. Die Stühle, von Opa geerbt. Das Beckmann-Poster. Frau und Blume. Erinnerung an einen Geliebten, den Jungen, der malen konnte.

Ich kannte die Leute in dem alten Haus so wenig, dass ich noch nicht einmal wusste, nach wem ich fragen könnte. Trotzdem berührte mich ihre Abwesenheit. Wie merkwürdig uns doch Menschen zugehören können, die man noch nicht einmal kennt. Jeden Tag fahre ich an einem anderen alten Haus vorbei, das man kaum noch sieht, weil die Büsche so hoch gewuchert sind, die Bäume so weit herunterhängen, dass selbst das hässliche Wellblech verdeckt ist, mit dem vor vielen Jahren das alte Reet ersetzt wurde. Hier wohnte lange eine alte Frau. Einmal hielt ich an und stieg aus und redete ein wenig mit ihr, sie stand da in ihrer Kittelschürze und dem weißen Knoten, sie wies stolz auf ihre Rosen, eine Flut von scharlachfarbenen dichtgedrehten Blütchen, die über den Zaun wogte, der wie hier in Dithmarschen üblich nur aus einem Draht bestand, der gegen grün gestrichene Leisten genagelt war.

Wir redeten über die Rosen, die seit ihrer Kindheit hier am Zaun wucherten, und ich erzählte ihr, dass ich dieselben Rosen an meinen Zaun gepflanzt hätte, allerdings in der neuen, mehltauresistenten Variante, Rosa Super Excelsa, was sie kopfschüttelnd bewunderte. Super Excelsa wächst nicht so üppig wie die alte Excelsa, gezüchtet von einem M. H. Walsh, 1908, die leider irgendwann nicht mehr pink, sondern weiß gepudert aussieht, aber heute immer noch durch das wuchernde Grün linst, auch wenn die alte Frau schon lange fort ist und das Haus seit Jahren leer steht, wer will schon in einem Reetdachhaus wohnen, das mit Wellblech gedeckt ist und an einer Durchgangsstraße steht. Wo doch hinter dem Dorf dieses neue Wohngebiet entstanden ist mit kleinen Villen, die spitze Friesengiebel haben und nicht selten mit blauen Pfannen gedeckt sind, obwohl dies, wie gesagt, ja nicht Friesland ist, sondern Dithmarschen, das Land, in dem einst die trotzigen Bauern ihre Widersacher in einen Sumpf lockten und abschlachteten und eine Bauernrepublik gründeten.

Vorne, wo sich der Weg zum Kanal hinunterneigt, steht ein weißes Haus, mit dessen Bewohnerin ich auch einst lange Zaun-Gespräche führte. Sie hatte den ganzen Zaun entlang die herrlichsten Phlox-Sorten, unterhalb des Zauns horsteten Lupinen in den seltensten Farben. Während wir über den Phlox redeten, versprach sie regelmäßig, mir im Herbst ein bisschen abzustecken, was sie dann aber im Herbst genauso regelmäßig vergaß. Ihr Mann saß meist hinter dem großen Wohnzimmerfenster, guckte auf den Kanal und beobachtete die Schiffe, die hier vorbeiziehen, auf dem Weg nach Brunsbüttel oder, umgekehrt, nach Rendsburg. Über zehn Jahre lang sah ich ihn da sitzen, den freien Blick aufs Wasser. Nicht ein Mal sah ich ihn im Garten. Ob man so Ehen zusammenhält? Sie hier und er dort? Ich hörte, der alte Mann sei ein großer Erfinder und habe viele Patentanträge beim Patentamt in Kiel liegen, vielleicht dachte er sich diese Dinge aus, während er auf die Schiffe wartete.

Manchmal, wenn ich jetzt sehe, wie sie hier vorbeiziehen, *Christina* in Rot oder *Caribbean Messenger* in Tiefblau, natürlich *Timbuktu*, als schnittige Jolle, oder wenn eines der riesigen Passagierschiffe kommt, Passa-Gier-Schiff, wie man hier sagt, dann denke ich an den alten Mann, der jetzt weg ist und der, wenn er denn noch da wäre, heute durch eine ganze Flotte von Orchideen äugen müsste, die auf der Fensterbank angedockt haben und ihm den Blick auf das Wasser verstellen würden. Er ist aber weg, der alte Mann, und seine Frau auch. Die neuen Bewohner haben eine neue Terrasse angebaut, ordentlich massive Pfosten, alles orange gebeizt, darüber ein Dach aus gewelltem Plastik, daneben ein Rosenbäumchen. Der Phlox am Zaun ist weg.

Vorne, an der Bushaltestelle, das lang gestreckte, in einer schmalen Spitze auslaufende dreieckige Grundstück, auf dem ein älteres Paar unermüdlich grub und harkte und pflanzte, bis es den Garten in jedem Jahr wieder in einen Wahnsinn von Paeonien, dann Margeriten, endlich lodernden Herbstastern verwandelt hatte. Ist heute eine Rasenplatte, dieser Garten. Die beiden Alten waren weg, und binnen eines Jahres war alles verschwunden, was sie Jahr für Jahr hingezaubert hatten. Die neuen Leute leben nun ihre Phantasie aus, sie ist offensichtlich durch eine

Sehnsucht nach Pflegeleichtigkeit geprägt. Mittlerweile haben sie sogar noch den größeren Teil der Rasenplatte zuwuchern lassen und mähen nur noch einen Handtuchstreifen vor der Terrasse.

Und der alte Mann, der neben der Schule wohnte? Der immer morgens auf der Bank saß, wenn wir vorbeizogen? Ist auch weg. Auf der Bank saß neulich eine junge Frau mit einem Kind, womöglich ein Enkelkind, überlegte ich und fragte nach dem alten Mann. Aber hallo! »Ich kenne keinen alten Mann, jetzt sind wir hier«, sagte die junge Frau schnippisch.

Ein Mensch ist in seinem Leben wie Gras, er blüht wie eine Blume auf dem Feld, wenn der Wind darübergeht, so ist sie nimmerda – so formuliert es der Psalm 103 auf seine elegante, eindringliche Weise. Gärten sind wie Träume, man schlägt die Augen auf, und sie sind weg. Wir verlassen unser Haus, und wenige Monate später wohnt jemand da, der sich nicht einmal an unseren Namen erinnert oder an uns erinnert werden will. So geht es natürlich nicht nur uns oder den Gärten. Ganze Städte werden von diesem Sog erfasst, weggesaugt, machen Platz für neue Landschaften.

Einige Monate lang habe ich vor ein paar Jahren im Dachgeschoss eines Hotels in Phnom Penh gelebt und über die Stadt geschaut, die um mich herum ausgebreitet lag. Das goldene Geglitzer des Palastes, die dunklen Wolken, die aus dem Krematorium des Klosters Wat Lanka hochwallten, in der Ferne der Schimmer des Mekong. Ich habe diesen Ausblick geliebt, aber als ich zwei, drei Jahre später wieder nach Kambodscha kam, blickte ich auf eine

Skyline, die sich offensichtlich Manhattan als Vorbild genommen hatte. Darunter begraben: das herrliche elegante Phnom Penh. Einmal sprach ich mit Marta, einer alten
Frau von 103 Jahren, die im norwegischen Olesund lebte
und ihr halbes Leben lang blind gewesen war, ihre Augen
waren am grauen Star erkrankt, als sie etwa fünfzig war,
und weil sie ständig mit ihrem Tod rechnete, ließ sie sich
fünfzig Jahre lang nicht operieren. Als der Tod dann aber
einfach nicht eintrat, ließ sie sich doch operieren, und was
sah sie, als sie wieder sehen konnte? Eine ihr fremde Welt.
Siedlungen, wo früher Kühe geweidet hatten. Straßen, wo
Pfade sich durch Wiesen gewunden hatten. Marta sagte,
sie sei nicht in ihr Leben zurückgekehrt, es sei so, dass sie
genauso gut nach Amerika hätte reisen können. Was immer eine gute Option ist.

Manchmal versuche ich mir vorzustellen, wie die Welt
aussehen könnte, in hundert Jahren nach mir, und es will
mir natürlich nicht gelingen. Es ist eben sehr schwierig.
Neulich sah ich in einer Picasso-Ausstellung ein Bild des
Künstlers als Kind mit seiner Familie, die Frauen der Familie trugen geschnürte Mieder und lange Röcke, nie hätten sie sich doch vorstellen können, mit welchen leicht-
geschürzten Musen sich der kleiner Pablo nur ein paar
Jahrzehnte später ablichten lassen würde, Frauen mit nackten Schultern, und zwar nicht im Puff. Oder dann doch,
die Gruppe von Prostituierten, die er später malte, De-
moiselles d'Avignon, Frauen als kubistische Würfel! Nut-
ten als Auftakt einer neuen Kunstepoche? Es ist vielleicht
kein Mangel an Phantasie, der die Menschen hemmt, die
nicht klarsichtig wie Picasso sind, die Zukunft in den Blick

zu nehmen, es ist vielleicht ein Zuviel an Furcht, sich auf dieses fremde Terrain zu begeben. Wofür man keinen Grund hat. Man wird ja nicht mehr da sein. Man wird, wie der Psalm sagt, verwehen wie die Blumen.

Neulich hatte ich ein interessantes Erlebnis, ich möchte es nicht Nahtod nennen, es war eher eine kleine Übung zum stilvollen Verschwinden im Garten. Der amerikanische Künstler James Turrell hat eine Landschaftsskulptur geschaffen, die unser aller Ende auf sanfte Weise vorwegnimmt. Es ist eine riesige, mit Gras ausgekleidete Schale, sie liegt eingebettet in einen Garten der Liss Ard Foundation im Süden Irlands. Am tiefsten Punkt der Schale befindet sich eine Steinbank. Sie sieht etwas beunruhigend wie ein Katafalk aus, man legt sich darauf, und das Herz klopft, man fühlt sich den Mächten auf einem Altar dargeboten. Dann wird alles sehr still. Natürlich nur, sofern man keine geschwätzigen Begleiter mitgebracht hat. Man schaut in dieser Stille hinauf in den Himmel, man sieht nicht mehr die Bäume und auch nicht mehr die Blumen und das Gras, man sieht nur noch diese Unendlichkeit des Kosmos, der sich über einem wölbt, und man ist ganz allein, nur der Kosmos und man selber sind noch da. Gefühl der Reinheit. Und dann, vielleicht ist es nur eine Sinnestäuschung oder aber auch eine geschärfte Wahrnehmung, dann spürt man, wie sich der Himmel zu einem herabsenkt und umhüllt. Einfach so. Also man braucht, wenn man wieder aufsteht und in sein Leben zurückstapft, eine kleine Weile, um sich von dieser Empfindung zu erholen. Aber sie ist sehr schön, und nach einer kleinen Pause würde man am liebsten sagen: Noch mal!

LETZTE
FRAGEN

VOR DER
NEBELWAND

Die Lage ist ernst. Heiner Geissler, der 85 Jahre alt ist, hat gesagt: »Die einzig begründete Angst ist die Todesangst. Von hundert Leuten sterben hundert.«

Der alte Bazon Brock, 79 Jahre, hat es auf seine raubeinige Art so zusammengefasst: »Der Tod muss abgeschafft werden, diese verdammte Schweinerei muss aufhören!« Raubeinigkeit, schwarzer Humor – sind das die Alternativen für die emotionale Grundausstattung, mit der man den letzten Dingen begegnet?

Ich frage vorsichtig meine Freundin Olga, die über siebzig ist, mit der ich immer über alles reden kann, wie sie die letzten Dinge auf sich zukommen lässt, und sie sagt, sie wolle nicht darüber reden. Ihre Haltung zum Tod, sagt sie dann, sei »ziemlich negativ«. Man könne es doch gar nicht aussprechen. Dann sagt sie, dass sie manchmal morgens aufwache, und ihr erster Gedanke sei: »Ein Tag näher am Tod!«

Ein Tässchen Tee, und es geht schon besser. Duschen, die Zeitung, kleines Brötchen, so stiehlt sie sich wieder in das Leben hinein. Olga ist eine sarazenische Schönheit, deren silberner Bob selbst nach einer OP, von denen es in letzter Zeit einige gab, noch frisch aussieht. Früher galt ja das Motto, nicht zurückzublicken, jetzt geht es sehr darum, die Richtung im Auge zu behalten, in die man in seinem

Leben nach vorn rast. Es fühle sich an wie das Fahren in eine weiße Nebelwand, sagt Olga, es gehe immer weiter auf diese Nebelwand zu, und nirgendwo eine Ausfahrt, und irgendwann sei man dann weg. Vielleicht sollte man dazusagen, dass Olga, auch wenn die Knie sie etwas langsamer machen, am Steuer eines Wagens eine Rakete ist.

Manchmal, sagt Olga, sehe sie am Straßenrand ein kleines Mädchen stehen, und dann denke sie: Wenn sie Abi macht, bin ich nicht mehr da.

Manchmal, wenn sie im Konzert neben ihrem Mann sitze, denke sie, was wäre, wenn er vor ihr verschwinden würde und dass sie dann selber, auch wenn sie weiterlebte, nie mehr ins Konzert gehen könnte, weil die Musik sie immer an ihn erinnern würde.

Sibylle Berg, die Schöne mit dem schmalen Gesicht von Echnaton, der als altägyptischer Gott-Pharao immerhin einige Jahrtausende sein Eigen nennen konnte, schreibt und schreibt und schreibt, eigentlich immer um den Tod herum und gegen den Tod an. Sibylle Berg sagt: »Ich rechne täglich mit meinem Ableben. Ich bin immer erstaunt, dass es anderen Menschen nicht so geht.« Sie sagt es mit einem Lächeln.

Wie aber kann man das aushalten, täglich mit seinem Ableben zu rechnen? Reicht Rückgrat? Wäre Ironie besser? Einer der heitersten Berichte über die letzte Strecke stammt von dem englischen Publizisten Christopher Hitchens, der 2011 mit 62 Jahren an Speiseröhrenkrebs starb und über sein letztes Jahr in dem Buch *Endlich. Mein Sterben* schrieb, eine rasante Performance in der Kunst, dem Krebs den Stinkefinger zu zeigen. An guten Tagen kontert er in seinem Klinikbett die beflissene ärztliche Frage, wie es denn heute so geht, mit der Antwort: »Heute habe ich ein biss-chen Krebs.« Als Variante: »An weniger guten Tagen kom-me ich mir vor wie das Ferkel mit dem Holzbein, das einer sadistisch-sentimentalen Familie gehörte, die es nicht übers Herz brachte, mehr als ein Stückchen von ihm auf ein-mal zu essen.« Vielleicht muss man in England geboren sein, um sich in einer teuren Privatschule mit anschließen-dem Studium in Oxford einen fetten Vorrat an schwarzem Humor zuzulegen, der für die letzte Reise reicht. Die an-deren, sozusagen wir, treffen fleißig Betreuungsverfügun-gen und erteilen Vorsorgevollmachten.

Könnte man sich einen mutigen Blick auf das Letzte antrainieren? Wie? Etwa durch das Lesen von Todesan-zeigen? Man soll ja eigentlich keine Todesanzeigen lesen. Aber wenn es denn hilft? Für ein wenig Gelassenheit?

»Seinen Kampf hat er verloren. Nicht aber meine Lie-be.« Der Trotz, der darin liegt, die Wut. Von Gelassenheit keine Spur.

»Plötzlich und unerwartet, für uns alle unfassbar, müssen wir Abschied nehmen ...« Jahrgang 1949. Nur drei Jahre älter als man selber. Plötzlich, unerwartet.

»Er war ein Abenteurer und Macher, Neugieriger und Optimist, Zuhörer und Berater, Vorbild und Anker für uns alle ...« – nur leider: tot.

»Der Verstorbene war der Vorsitzende erst unseres Beirates, dann unseres Aufsichtsrates. Stets hat er uns mit seinem Rat, seiner unerschütterlichen Zuversicht und sei-nem Humor begleitet ... Wir verneigen uns vor dem En-gagement von HGP« usw. Trotzdem: tot.

»Frau B. war von 1987 bis 2009 als Telefonistin in unserer Telefonzentrale tätig.« Also zweiundzwanzig Jahre lang an der Telefonzentrale, und schon ist das Leben vorbei. »Wir werden sie als eine liebenswerte und geschätzte Kollegin in Erinnerung behalten und ihr ein ehrendes Gedenken bewahren.« Wie formulierte es Zara, die seit vierzig Jahren putzt? »Ich bin jetzt über sechzig und putze seit vierzig Jahren, jeden Sommer fahre ich heim nach Serbien, und was habe ich von der Welt gesehen? Nichts!«

»Drei Wochen nach seinem 29. Geburtstag ist mein Bruder, unser Kollege und Partner gestorben.« Kein Leben, das ist natürlich noch schlimmer, als ein ganzes Leben in der Telefonzentrale zu verbringen. »Eine Stimme, die uns vertraut war, schweigt. Ein Mensch, der immer für uns da war, ist nicht mehr. Was bleibt, sind dankbare Erinnerungen, die uns niemand nehmen kann.«

Manche Todesanzeigen sind Kriegserklärungen. Andere dagegen – fange ich jetzt etwa an, Todesanzeigen unterhaltsam zu finden?

Man stellt beim Lesen von Todesanzeigen fest, man hätte diesen oder jenen Menschen vielleicht gern gekannt, aber man hat ihn leider verpasst, sein ganzes Leben lang: »Wir sind 65 Jahre gemeinsam einen langen und glücklichen Weg gegangen. Jetzt müssen wir in Liebe und Dankbarkeit Abschied nehmen von meiner lieben Frau, unserer lieben Mutter, Schwiegermutter und Großmutter ...« Sie klingt so nett, aber ist schon weg.

Und dann natürlich die Beispiele unsterblicher Liebe! »Mia zwoa seng uns gwies boid wieda! Dein Rudi« Für Irmgard (1960–2014)

Wirtschaftsberater, Steuerprüfer, Juristen, Geschäfts-führer für Osteuropa, Leitsterne der Familie, die große Liebe, unsere tapfere Mutter – tot. Wenn man dem Tod etwas zuguterechnen könnte, dann dieses, dass er wirklich alle erwischt.

Meine beste Freundin, mein liebster Kollege – tot. Die beiden kleinen Töchter der Nachbarn – tot bei einem Autounfall. Das Enkelkind von S., als es die Straße überquerte – nicht mehr da. Meine Sportlehrerin, wenn auch mit über neunzig Jahren. Gandhi musste sterben, James Last. Alle, alle, alle. Und nicht alle finden diesen Gedanken versöhnlich. Einmal, erzählt ein Arzt, habe er sich über eine Sterbende gebeugt, und sie habe gezischt: »Du wirst ook tout sin, wenn du aus der Welt geist, Doktor!« Schon klar.

Was passiert wohl genau, wenn es aufs Letzte geht? Der Künstler Dirk Skreber hat versucht, den Final Crash einzufangen, mit einer HD-Kamera, die einen schweren Autounfall vier Sekunden lang aufnimmt und dann in einer Zeitlupe von dreißig Minuten abspielt. Das Auto prallt auf einen Laternenpfahl und wird auseinandergerissen. Ein längliches weißes Objekt segelt der Kamera entgegen. Ein Handy? Eine Hand? Im Hintergrund nähert sich im Schneckentempo ein zweiter Wagen. Man sieht, wie dieser zweite Wagen auf die Unfallstelle zusteuert, in deren Vordergrund ein kissenähnliches Objekt aus dem zerrissenen Wagen hängt. Ein Oberkörper? Der Soundtrack dazu besteht aus einem Rauschen, das von einem schwer identifizierbaren knackenden Schlucken unterbrochen wird. Der Flyer der Galerie Petzel, die Skrebers Film im

Sommer 2015 in New York zeigte, erklärt, dass der Sound aus dem Herzschlag des Künstlers, dem Rauschen seiner Körperflüssigkeiten und dem Aneinanderreiben von Körperteilen entstand. Vier Sekunden Tod, gedehnt auf dreißig Minuten. Und Cut.

Manchmal denke ich, vielleicht überlebe ich es ja. Nur mal so angedacht. Die Zahl der Hundertjährigen hat sich im letzten halben Jahrhundert von etwa 200 auf heute etwa 6000 vergrößert. Was lebt nicht alles weiter, was nicht schon totgesagt war. Cafés! Man dachte, ein Café ist etwas, wohin man als Kleinkind an der Hand der Mama ging, nachdem sie beim Friseur war. Zuckerstückchen wurden ausgewickelt und vorsichtig mit dem Teelöffel in den Kaffee abgesenkt, damit sie sich von dem für Kinder streng verbotenen Kaffee vollsaugen konnten, und dann: Hmmmm! Einige Jahre später, und man hätte sich nicht ums Verrecken in einem Café erwischen lassen. Jahrelang sah man überhaupt keine Cafés, man hätte Cafés für tot gehalten, hätte man auch nur an sie gedacht, was man nicht tat. Dann, plötzlich – wieder da, in Manchester, in Hamburg, in New York, von Zagreb bis Nizza: Cafés überall. Coole und Oma-Cafés, angesagte und luxuriöse Cafés. Es erscheint ungerecht, dass Cafés, in denen ich mein Leben verbringen könnte, ein zweites Leben haben, aber ich selber, die ich am liebsten in einem Café wohnen würde, habe nur eines.

Neulich las ich von einem alten Teppich, der entsorgt werden sollte und um den herum sich eine Fan-Gruppe bildete, die sich für sein Weiterleben einsetzte. Eine Fan-Gruppe für Auslegware! Der gammelige Teppich lag im

Flughafen von Portland, Oregon. Grün mit gelben Pünkt-
chen, Bilder im Netz zeigen eine Art von Rasenflor, der
durchkreuzt wird von Streifen in Blau und Pink und darüber hinaus garniert ist mit orangefarbenen Karos. Muss
man mögen. Ziemlich old style. Aber so viele Leute mögen
dieses schrille alte Exemplar von Teppichboden, dass eine
Rettungshysterie einsetzte. Eine Emma Milkin hat sich
das Muster auf die Schulter tätowieren lassen, gewisser-
maßen als Drohung an die Flughafenbetreiber, dass sie
ihr schon die Haut vom Leibe reißen müssten, wenn sie diesen Teppichboden vernichten wollten. Ein Designer hat
das Muster aufgegriffen und in seiner neuen Sockenkollek-
tion verewigt, für alle Fälle. Dieser Sockenmensch, der im
Alter von elf oder zwölf zwischen Ost- und Westküste der
USA pendeln musste, von Mama zu Papa und zurück, verbindet mit diesem Teppich eine Art von Heimatgefühl.
Vermutlich hatte das Scheidungswaisenkind auf den erzwungenen Shuttleflügen deprimiert den Kopf hängen
lassen und so immer zu Boden geschaut und mit dem ollen Teppich Freundschaft geschlossen und möchte nun den
Anblick dieses aufmunternden Orange mit der Wildheit
der Muster nie mehr in seinem Leben missen und erschafft
ihn jetzt neu in seinen Socken.

Man fragt sich, ob es jemanden gibt, der mit einem
alten Modell, wie man es nun selber ist und auf den einen
oder anderen unzeitgemäß gestylt wirkt, auch so etwas wie
Heimat verbindet, um dessen Erhalt er oder sie kämpfen
würde. Das wäre schön, jemand, der sich freut, wenn man
nicht einfach verschwindet, sondern immer wieder auftaucht.

Bäume sterben jeden Herbst, aber leben eben meist wieder auf, wenn es Frühling wird. Es gibt Bäume, die Tausende von Jahren alt werden. Die Lebensspannen sind auf Erden sehr ungleich verteilt. Schildkröten werden 100 Jahre alt. Hummer halten 145 Jahre durch. Die ältesten Lebewesen halten sogar Hunderttausende von Jahren durch! In der Atacamawüste in Chile wuchern giftgrüne Beulen über Schotter, puffen sich auf zu schaumartigen Blasen, es sind Yaretas, und sie sind 3000 Jahre alt. Es handelt sich um eine Art von Petersilie, eine Verwandte von Möhren, Sellerie und Fenchel, nur eben viel älter, und das in einer Region, die seit der Aufzeichnung des Wetters keinen einzigen Tropfen Regen gesehen hat. Im australischen Urwald steht eine Antarktische Scheinbuche, geschätztes Alter: 6000 bis 12 000 Jahre. Nun gut, sie ist kräftig gefurcht, die Zeitläufte haben ihr zugesetzt, aber da ist sie, sie trägt ihre Narben mit Stolz, und dazu ein wenig Moos. Die Künstlerin Rachel Sussman ist um die Welt gereist, auf der Spur dieser ältesten Lebewesen, und was hat sie nicht alles aufgetan. Eine Huon-Kiefer in Tasmanien, Alter: 10 500 Jahre! Moos auf Elephant Island, auf dem Gestein zwischen Eis, etwa 5500 Jahre alt. Eukalyptus, Yucca, Neptungras. Hirnkorallen und Buchs, dunkler Hallimasch. Sibirische Actinobakterien: 400 000 bis 600 000 Jahre alt. Wer will das genauer bestimmen? Es war natürlich niemand dabei.

Warum also nicht wir? Wieso erwischt es uns so viel früher? Der Tod, dieser Schurke, hat viele Verbündete. Sie heißen Beta-Amyloid-Oligomere und verstopfen das Denken. Ich versuche zu verstehen, was mit mir passieren

könnte, ich lese neuerdings Bücher mit Titeln wie *Das Ge-*
heimnis des menschlichen Alterns und habe den Eindruck, dass
mein Kopf schon zu abgeschaltet ist, um zu verstehen, was
passiert. Habe ich etwa die Typ-4-Variante des ApoE-Gens?
Gehöre ich zur Kohorte der armen Teufel, von denen
jeder zweite Alzheimer kriegt? Oder zu denen, die zwei
ApoE4-Varianten haben und von denen 90 Prozent Alzheimer kriegen? Wurde ich mit zu fetter Babynahrung
versorgt und leide deshalb unter dieser unzähmbaren Leidenschaft für dunkelschokoladige Lindor-Kugeln, denen
sich meine Körpersilhouette versucht anzupassen? Sollten
mich solche Trivialitäten überhaupt interessieren? Ist diese
Frage schon ein erstes Anzeichen von Demenz? Oder Re-
silienz, gehöre ich zu den harten Knochen wie die, die rau-
chen, trinken, und das bis über neunzig? So wie unser aller
Vorbild Helmut Schmidt?

Bei langlebigen Menschen auf abgelegenen japani-
schen Inseln wurden Veränderungen im FoxO-Gen gefunden. »Ebendieses FoxO-Gen ist das humane Äquivalent
des uns aus dem Fadenwurm wohlbekannten DAF-16-Tran-
skriptionsfaktors.« Sollte man deshalb auf eine japanische
Insel ziehen? Eine Variation im Gen für den IGF-1-Rezep-
tor, das Äquivalent des DAF-2-Gens im Fadenwurm, wurde in einer amerikanischen Studie an langlebigen aschkenasischen Juden gefunden. Der Fadenwurm ist uns also
erstaunlich voraus, aber für den Fadenwurm wie für den
aschkenasischen Juden gilt – sterben müssen sie! Erstaunlich, wie viele Leute damit klarkommen. Manchmal sehe
ich jemanden, wie er sich in seinem Alter den Bürgersteig
entlangkämpft, und möchte fragen: Wie kommst du damit

klar? So wie das Kind früher jedem Gast, der an der Tür erschien, mit abgesenkter Stimme zuzischte: »Hast du auch so viele Spinnen in der Badewanne wie wir?« Die versöhnlichste Antwort auf die bange Frage, wie man mit dem Tod klarkommen könnte, hat natürlich Oliver Sacks gegeben, der berühmte Neurologe, der im letzten Jahr im Alter von 82 Jahren starb. In seinem Buch *Dankbarkeit* schrieb er darüber, was ihn mit seinem Ende versöhnen konnte: »Ich habe geliebt und wurde geliebt, ich habe viel bekommen und ein wenig zurückgegeben; ich habe gelesen und ferne Länder bereist und gedacht und geschrieben. (...) Vor allem aber war ich ein fühlendes Wesen, ein denkendes Tier auf diesem schönen Planeten, und schon das allein war ein wunderbares Privileg und Abenteuer.« Diana Athill, die britische Literaturkritikerin und Autorin, 97 Jahre alt, gibt, frei nach Montaigne, den Rat, jeden Tag ein paar Minuten dem eigenen Tod einige Gedanken zu widmen. Damit lebt sie fröhlich dahin.

Die *New York Times* hat uralte New Yorker befragt, wie sie die letzten Dinge sehen, die Antworten waren ganz ermutigend. Ping Wong, 90 Jahre alt, sagte: »Alt werden ist doch ein Erlebnis. Man reißt sich zusammen, um dabei zu sein.« Und Ruth Willig, eine Dame von ähnlicher Haltbarkeit, antwortete, sie denke eigentlich nicht viel darüber nach. Aber wenn, dann frage sie sich, jetzt, wo der 90. Geburtstag geschafft sei, woran sie wohl einmal sterben werde. Es gebe ja so viele Arten des Sterbens. »Wird es Krebs sein? Wieder mal mein Herz? Werde ich einfach umfallen?« Immer neugierig, bis zu den letzten Fragen! Das wäre so ein Ziel.

KLEINE
AUFMÖBELUNG

Neulich hatte ich einen Neidflash. Das klingt vielleicht komisch, ein Neidflash gegenüber einem Sessel! Geht's noch?
Tatsächlich gibt es Cocktailsesselchen, die sind so hübsch,
dass ich sie dann und wann und eigentlich immerzu online besuche und liebevoll betrachten muss und Schwie-
rigkeiten habe, mich von der Frage zu lösen: Warum die,
warum nicht ich?

Wie kann ein Cocktailsesselchen aus den fünfziger
Jahren so viel frischer wirken? Wo doch auch ich ganz der
Fifties-Typ bin! Die adrett ausgestellten Sessel-Beinchen –
ohne jede Schwäche. Dellen? Null. Die ganze Form prall
und pneumatisch, wie Aldous Huxley berühmterweise
spottete, also sanft aufgepumpt, nämlich frisch gepolstert.
Man sieht bewundernd auf diese weiche Rundung des Sit-
zes und die kokett und zugleich fast zärtlich zu zwei Zipfel-
chen gespreizte Rückenlehne. Zu süß!

Mein Lieblingscocktailsesselchen, das ich vor Augen
habe, ist mit Samt bezogen. Botanical Laburnum, ein Pat-
tern-Design von Abigail Borg, einer in England hochde-
korierten Malerin botanischer Kostbarkeiten, die mit Pinsel und Stift Blumen zu Bildern transformiert, sodass sie
nie, nie, nie welken, auf Stoffen und Tapeten. Die unver-
welkbaren Abigail-Blüten sieht man jetzt also auf diesen
Cocktailsesselchen aus den fünfziger Jahren, auf denen

sich Blütendolden in Safran zwischen schiefergetönte Blätter lasziv fallen lassen. Unter ihnen himbeerrote Dahlienrosetten sowie, erhaben wie sich gerade entfaltende Flügelchen, die roséfarbenen Blüten eines vermutlich sehr seltenen, aus dem Himalaya entführten Rhododendron. Seufz.

Bill und Florrie, eine junge Start-up-Truppe aus diesem trendigen Nottingham, restauriert diese ausrangierten, an den Rändern schon etwas speckig gewordenen Vintage-Möbel so freundlich, wie ich auch gerne behandelt werden möchte. Sie entfernen auf sanfte Weise Oberflächen, die nicht mehr zu retten sind, legen hier und da etwas Pferdehaar unter, stopfen an einigen Stellen nach, glätten andere, hüllen alles frisch ein. In Samt, Leinen oder weiche Wolle, für die, die leicht frösteln. Der Effekt: atemberaubend. Verbenen-Pink mit einer Paspel in Navy Blue. Senfgelbes Hahnentrittmuster, sehr fesch. Mal ein knackiges Frühlingsgrün! Was alles möglich wäre, wäre man ein Cocktailsesselchen in England. Passend zum Vintage-Haarstyling ist im Angebot: graumelierter schimmernder Plüsch. Nur mal so als Idee: Ließe sich meine Kontur so stabilisieren wie die eines Cocktailsesselchens, dann wäre sie vielleicht so hübsch, dass man sie sogar betonen wollen würde. Streichelfähige Oberfläche! Eine Polsterung, die bei Belastung rückfedert! Und nicht, wie beim klassischen Orangenhaut-Test (»Drücken Sie mit Daumen und Zeigefinger fest in Ihren Oberschenkel«), hämisch mit Kuhlen zurückfeixt.

Es ist nicht so, dass ich nicht auch schon an einigen Stellen nachgearbeitet hätte. Frau Dr. Pererra in Sri Lanka hat mir im Ayurveda Ressort nachdrücklich gezeigt, wie man morgens die Hautcreme verteilen muss, um die Fassade vor dem zur Absackung führenden Einfluss der blöden Erdanziehung zu schützen. Gegenarbeiten! Indem man mit den Fingerspitzen in sanfter Entschiedenheit von links nach rechts und von rechts nach links über die Stirn fährt, als wolle man die Falten einfach wegbügeln. Dann mit zusammengelegtem Zeigefinger und Daumen die Stelle zwischen den Augenbrauen massieren, an der Nasenwurzel, wo sich gelegentlich dieser Ärgerkrater eingräbt, und, ja, wenn man ehrlich ist, eigentlich kaum noch wegzumassieren ist. Wir wollen jetzt nicht daran denken, was in diesem Krater alles begraben liegt. Diese toxischen Abfälle aus – egal.

Dunkle Gedanken, sagt Frau Dr. Perrera, sollte man weiterziehen lassen wie Wolken. Mit den Fingerspitzen also von der Nasenwurzel rechts und links an der Nase entlang runterfahren und mit einem eleganten Bogen zu den Mundwinkeln. Die Mundwinkel sind aus zwei Gründen gefährdet – einmal, aufsteigend gedacht, weil von ihnen, oft geradezu tief eingeschnitten, Linien zu den Nasenflügeln führen, die sogenannte Magenschmerzlinie, hatte ja selbst der mit Gelassenheit geadelte Richard von Weizsäcker, obwohl er jeden Morgen seine Bahnen schwamm, was ja immer gegen sich festhakende Sorgen empfohlen wird, also einfach durchs Wasser pflügen und alles abspülen. Mundwinkel können auch nach dem Schwimmen hängen. Bei mir hängen sie, wie gesagt, schon seit ich etwa drei oder vier bin, frühe Fotos zeigen mich bereits in diesem tieftraurigen Bulldoggen-Look.

Ich will niemanden mit der Erzählung langweilen, welche Erlebnisse dem vielleicht zugrunde liegen, nur so viel, es war die Zeit, in der Kinder etwa spielend nicht so viel Lärm produzieren durften, wie es heute allgemein üblich ist, damals war die Erwartung an Kinder eigentlich nur die, dass aus ihnen mal was werden sollte. Glücklichsein stand noch nicht so auf der Tagesordnung. Weshalb meine Kinder häufig fragten: »Mama, is was?«, und ich mir angewöhnt hatte zu sagen: »Nö, bin nur müde.« Meine Mundwinkel sind also leider im permanenten Müde-Modus, weshalb ich, wie erwähnt, im Rahmen der von der Yoga-Guress Sandra Sabatini gelehrten Asana »Das innere Lächeln« übe und übe und übe, einatmend weiches Breitführen der Lippen, ausatmend nicht dem Pull nach unten nachgeben. Es nützt aber nicht viel, ich gucke in den Spiegel und – sie hängen. Egal, selbst ein Winston Churchill kämpfte ja mit seinem schwarzen Hund, der bei ihm sogar auf der Brust lag.

Zurück zur Cremung: Zum Abschluss wird die Kinnlinie energisch vom Kinn zu den Ohren quasi geschrubbt, immer schön von vorne nach außen, dann wuschelndes Hin und Her der zusammengelegten Finger unter dem Kinn. Es soll der Versuppung von Kinnlinie und Hals vorbeugen. Allein ein Blick auf Frau Dr. Perrera lehrte mich allerdings, nicht allzu große Hoffnungen in die Cremerei zu setzen. Man muss vorsichtig sein, gerade Enttäuschung wirkt ja so aging.

Ich kann indes mit einigen nachgebesserten Stellen aufwarten, die sehr haltbar sind, weil einzementiert, und zwar so diskret, dass sie vermutlich kaum ins Auge fallen, was auch ein bisschen schade ist, die Nachbesserung war nämlich nicht ganz billig. Es handelt sich um M 45/46/47 sowie M 35. Perlmutterschimmernde, wegen ihrer Glätte mit der Zunge gern liebkoste, aus cremig weißer Keramik geformte Backenzähne, drei links, einer rechts unten. Zirkonkronen. »Die halten jetzt«, sagte mein Zahnarzt, der immer durchgestählt wirkende, vermutlich von der ewigen Sonne auf dem Tennisplatz bronze überhauchte Christian H., »um die werden Sie sich nicht mehr kümmern müssen.«

Tolle Sache. Unverwüstlich, ausgerechnet Zähne, während der Rest von mir ja irgendwann der Kompostierung zugeführt wird, angeblich bleiben ja etwa 24 Kilo Biomasse übrig. Sollte ich im Testament für die neuen Zirkonzähne eine Extra-Verfügung vermerken? Zirkon ist übrigens auch biokompatibel. Ein so tolles Zeug, man muss Zirkon sogar dimmen, damit er nicht zu robust wirkt. Damit die *Zirkonkrone* im Mund nicht zu stark leuchte, lese ich auf der Website, wird auf die *Krone* eine *dünne Keramikschicht* aufgetragen, welche die Helligkeitswerte senke, anschließend eine *Art Schmelzschicht* aufgetragen, was eine unterschiedliche *Transluzenz (partielle Lichtdurchlässigkeit)* ergebe ... So viel Sorgfalt! Im Nachhinein kommt es mir so vor, als wäre es sinnvoll gewesen, schon meine Mutter hätte mich Zirkon-optimiert ausgeliefert, also haltbarer. Aber es nützt ja nix. Es ist, wie es ist.

Neulich bekam ich eine kleine Lektion. Es war an einem Sommerabend in New York, ich hatte noch ein wenig auf den Stufen des Metropolitan Museum gesessen, wo ein schwarzer Typ Saxophon spielte. Japanerinnen inspi-

205

zierten ihre Tüten aus dem Museumsshop. Was blieb zu tun? Noch in den Park, der im Rücken lag und in dem die Bäume die Hitze des Tages abdampften? Die Fifth Avenue runter und gucken, was Bergdorf Goodman in seinen Schaufenstern ausstellte, ein untrüglicher Gradmesser für das, was an Mode kommt? Zu Bloomingdale's, in den Sale? Zum Zoo runter, wo sich gleich zur vollen Stunde auf der alten Uhr die bronzenen Bären zu ihrem Ringelreihen drehen würden? Ich wählte die Bloomingdale's-Variante, blieb dann aber doch auf der Madison Avenue hängen, genauer gesagt, in der Bar des Hotels Carlyle. Happy Hour! Nichts verlängert einen schönen Abend so angenehm wie eine Happy Hour.

Die Bar des Carlyle ist berühmt. Sie heißt auch die Bemelmans Bar, weil der Künstler Ludwig Bemelmans in den vierziger Jahren des letzten Jahrhunderts die Wände unter der mit 24 Karat Gold belegten Decke bemalt hat mit Szenen aus dem Central Park, man sieht auf einem vom Rauch patinierten goldbraunen Fond etwa einen erschöpften Elefanten, der eine Zeitung in der Hand hält. Eine Kinderherde, gescheucht von einer Nanny. Hasen, die tanzen. Man entdeckt ziemlich übermütiges Zeug, fast so, als hätte man schon sein halbes Leben hier abgehangen und nach und nach den ein oder anderen Cocktail ausprobiert, sodass nun die schimmernden Wände transparent würden und vergangene Zeiten durchscheinen ließen, diese ganze ausgelassene Bemelmans-Kinderwelt. Wenn man älter wird, denkt man sich ja immer öfter zurück in die Zeit der Kindheit, wie man herumgescheucht wurde und dann entfloh und an die Hasen, die bei uns in ihrem Stall hinter der Garage eingesperrt waren, ihr ganzes Hasenleben lang. Mein Hase hieß übrigens Heidi.

Ich hatte also einen Cocktail bestellt, in dessen Trichterglas sich zwei Himbeeren aneinanderkuschelten. Neben mir saßen zwei Ladys, die ich zunächst für Mutter und Tocher hielt, beide weißblond und beide mit markanten Nasen und beide in Weiß gekleidet, die ältere, die sehr viel älter aussah, hatte ihre Haare raspelkurz geschnitten, die andere trug ihres in langen dünnen Strähnen. In ihren Gläsern lag je eine Olive. Sie nahmen hier ihren Nachmittags-Martini. Wir kamen ins Gespräch, die ältere Dame sagte, diese Bar sei berühmt, weil John F. Kennedy sich seine Liebchen durch die Drehtür hätte zuschaufeln lassen, und ich lachte und sagte, ich hätte aber gelesen, dass Jackie diese Bar sehr geliebt habe und sogar vor dem Abbruch gerettet hätte, und dann lachten wir alle drei und überlegten, ob sich Jackie vielleicht in dieser Bar von den Eskapaden ihres sexbesessenen Präsidenten erholt hatte. Alles so lange her. Alle schon tot. Bis natürlich auf die alte Lady neben mir, die mit den raspelkurzen Haaren, sie sagte, sie sei 92 Jahre alt und habe in den vierziger Jahren für die *Vogue* gearbeitet, sie sagte: »Google me, Darling.«

Wow. Die Vierziger. Noch vor meiner Zeit! Die Diana-Vreeland-Ära. Die Zeit von Truman Capote, als seine ersten Erfolge ihn überfluteten und er dann später unterwegs war mit seinen schönen Ladys, die man seine Schwäne nannte und die er auf die großen Bälle begleitete, auf denen Wallis Simpson, schon ein wenig ledern wirkend, mit ihrem kleinen abgedankten König, der auch immer lederner wurde, bis zum Umfallen tanzte. So viel Leben damals,

207

dass eben auch die Hasen im Park wie angesteckt bis heute immerzu tanzen, jedenfalls die Hasen in der Bemelmans Bar. Bevor ich mich nach den alten Zeiten, also die vor meiner Zeit, erkundigen konnte, hatte sich die alte Lady mühsam erhoben und schob mit ihrer Begleiterin zur Tür, sie müsse los, sagte sie, nach Hause, ins Village. Ich sagte, das sei ja ganz schön weit, oben von der Madison ganz runter nach Downtown, und da lachte sie dieses tiefe raspelige Martini-Lachen, für das schon Dorothy Parker berühmt war, die ihre Martinis legendär im Algonquin Hotel in der 44. Straße kippte, und sagte: »Honey, hier ist nichts weit weg und alles etwa zwanzig Minuten nah.«

Genau so stelle ich mir die Zukunft vor, also in ein paar Jahren. Alles Schöne im Umkreis von zwanzig Minuten. Und alles, was nicht so schön ist, bitte schön jenseits von zwanzig Minuten. Das Leben hat mich gelehrt, dass nicht alle Hoffnungen wahr werden. Aber wenn man das akzeptiert, kann eigentlich nichts passieren. Zwanzig Minuten!

ANHÄNGE

GEGEN
AGING-BLUES

HANDBIBLIOTHEK

Ein Buch ist ein idealer Begleiter in die Vintage-Zone. Ein Buch kann aufmöbeln. Ein Buch lässt Fußkranke reisen, mental und in Weltregionen, die unzugänglich werden. Es gibt eine unendliche Palette von anregenden, interessanten, herausfordernden bis zu erheiternden, albernen Büchern. Bücher sind nachhaltige Produkte: Man kann ein Buch mehrfach lesen, es wird davon nicht schlechter. Hat man vergessen, was man gerade gelesen hat – was in dieser Lebensphase vorkommt –, einfach wieder vorn anfangen! Für extreme Fälle würde dann ein Buch reichen. Wer keinen Besitz mehr anhäufen will: Nichts wird man so leicht los wie ein Buch. Einfach im Bus oder in der Bahn liegen lassen. Wenn es Ihnen jemand hinterherträgt (»Hallo!!! Sie haben was vergessen!«), darauf hinweisen, dass das Buch schon dalag, als Sie kamen. Sagen Sie: »Ich habe aber reingeguckt. Es lohnt sich. Nehmen Sie es mit!«

SCHALS

Vor Schals im Alter müsste man eigentlich warnen. Bunte, muntere Schals erinnern die meisten Menschen vor allem an Claudia Roth und sind als Stil-Requisit heikel. Betont frische Schals sind ein untrügliches Zeichen dafür, dass etwas weggewickelt werden soll. Es gibt zu viele zu dicke Leute, die sich hinter langen breitfallenden Schals verstecken wollen, was nie klappt. Kleine fieselige, womöglich aus unzertifiziertem Baumwollanbau unter entsetzlichen Sweatshop-Bedingungen in Thailand oder Bangladesh hergestellte Schals werden zu oft von Männern getragen, die sich auf die letzte Strecke noch mal recken wollen. Einerseits.

Andererseits: Stylische Schalträgerinnen sind alle Sänger und Sängerinnen. Christine Lagarde. Michelle Obama. Schals haben eben auch so etwas Warmes, das sagt: Ich bin ja bei dir. In jedem Falle gilt: Ein Schal sollte ein Statement sein. Breit. Weich. Üppig. Keine Frage, das wird teuer.

NAIL POLISH

Man kann gar nicht genug betonen, wie schön es ist, dass die so viel gescholtene Kosmetikindustrie neben goldperligem Serum gegen Augenfalten und bronzefarbenem Wüstenstaub auch gegen Altersbleiche an alten Nägeln etwas entwickelt hat, das so herrlich und praktisch ist und Glamour verbreitet. Nagellack ist ein Premium-Requisit für hübsches Altern. Allein die Namen der Schattierung! Jeder Name ein kleines Versprechen: Pink Diamond. Muchi Muchi. Love me Tenderly. Peach Daiquiri. Meet me at Sunset. Too too hot. Russian Roulette. Cheeky Chops. Dragan Queen. Surrender. Taboo. Bahama Mama. Lovely Beige. Cruising in Miami. Violine Surrealiste.

Die Namen eignen sich natürlich auch für ein hübsches Gedächtnistraining.

SCHUHE

Bodenlose Möglichkeiten der Investition. Bei guter Qualität sogar vererbbar. Mein Vater trug noch die Schnürstiefel seines Großvaters.

- Flats. Verzierte Schluffen, wie die Stilikone Iris Apfel sie trägt – etwa helles Leinen, mit einem gestickten Papagei. Pinkfarbene Seide mit Kussmund. So in der Art. Nicht regenfest.

- Kleine Absätze, auf denen die Queen in ihrem 8. Lebensjahrzehnt rumläuft, man nennt sie: Granny Block Heals. Man kann dafür königlich viel Geld ausgeben. Etwa mit Glitter (von Gucci für 495 € etc.).

- Gut gepolsterte Plateaus, mit einem freundlichen Gruß an die alten Knie.

- Ballerinas. Lee Radziwill, die schöne Schwester von Jackie Kennedy und noch heute eine Stilikone, mit der sich Fashion-Magazine für die jungen Frauen schmücken, trägt sie zu kostbaren Hängerchen in der taillenüberspielenden A-Linie. Ballerinas gibt es etwa in Pink-Lack oder seriösem schwarzen Verlours, mit nude-farbenem Samt von Jimmy Choo, mit blauer Spitze von Dolce & Gabbana. Mit Pepita- oder Hahnentrittmustern bezogen ...

YOUTUBE/TWITTER/INSTAGRAM

- Ari Seth Cohen: Advantced Style Blog (http://advancedstyle.blogspot.de). Schneller kann man seine Laune nicht verbessern. Ari Seth ist der Pionier im

Scouting älterer Ladys in New York, die aus ihren letzten Jahren übermütig das Schönste machen.

- Instagram: The Satorialist. Jeden Tag liefert Scott Schuman kleine Snapshots von Leuten, die in Mailand oder Paris oder New York ihr Bestes geben, um auf dem Weg zum Büro nicht zu vergrauen. Ansteckend, inspirierend.

STYLE ALS KUNST

- Tziporah Salamon, 67, in Israel geboren, nach Amerika emigriert. Nur der Herzmund bleibt derselbe bei den hundertfach schillernden und betörenden Auftritten – Tziporah Salamon arbeitet Jahre an einem Outfit, erscheint mal als Geisha, dann als pelzumhüllte Prinzessin, als Sirene in mauvefarbenen flausigen Federjäckchen oder als Pierrot. Nie ohne Hut! Sie ist eine Ikone wie die Statue of Liberty, nur besser zu Fuß. Wenn sie auftaucht, hupen die Leute, die Müllmänner jodeln, ältere Ladys rufen: You made my day!!
- Sue Kreitzman. Rot, rot, rot sind alle ihre Kleider, alle ihre Wände, ihre Wangen, ihre Lippen, alle ihre Haare, hupps, die sind bei Sue Kreizman silbrig weiß. Wenn die Soziologen im Frühstücksfernsehen der BBC gramvoll gebeugt vortragen, dass das Leben der Älteren triste ist, kommt die Stunde von Sue Kreitzman. Braucht man Seniorenschaukeln an Bushaltestellen, um die Alten in Schwung zu bringen? Sollten sich Seniorenheime mit Hunden und Katzen nachrüsten?

Sue Kreitzman, 75 Jahre, sitzt im afrikanischen Kaftan neben einem grauen Wissenschaftler und lässt ihre fingerdick rot gerahmte Brille funkeln und redet, bis auch er errötet. Abenteuer für Couch-Potatoes!

– Iris Apfel, amerikanische Stilikone. Endlose Einfälle für mehr Heiterkeit. Etwa: gemeinsames Singen mit Freundinnen: »More is more and less is a bore« (Mehr ist mehr und weniger ist Horror). Auf YouTube!

MUSIK

Niemand kann mit Mozart ganz unglücklich sein. Deshalb wird zu mehr Mozart geraten. Die Dichterin Friederike Mayröcker, die 90 Jahre alt ist, rät allerdings zu Franz Liszt: »Années de pèlerinage« in einer Einspielung des russischen Pianisten Lasar Berman. Warum? »Das gibt mir so einen Auftrieb, ich werde ganz high von dieser Musik«, sagt sie: »Ich drehe das ganz laut auf, und dann kann ich mich sehr konzentrieren.« Aber würde das nicht auch für Beethovens Streichquartette gelten? Für Yo-Yo Mas Cello-Suiten von Bach? Für John Lennons »Imagine there's no heaven / It's easy if you try / No hell below us / Above us only sky ...«

FILME GUCKEN

Es gibt diese Tage, an denen man glaubt, nichts könne einen aufmöbeln. Das sind die Tage für die kleine DVD-Sammlung. »Wenn Sie sich alt und klapprig fühlen und denken, Sie seien dahin, werfen Sie einen Blick auf Marlene Dietrich, Gloria Swanson, Joan Crawford, Bette Davis und eine Vielzahl anderer Filmstars, die über fünfzig sind ...«, schreibt Edith Head (1897–1981) in ihrem legendären Styleberater aus den sechziger Jahren. Edith Head muss es wissen. Hollywoods höchstprämierte Kostümbildnerin! Acht Oscars, 35 Nominierungen für die Kunst, »Arbeitstiere in Prinzessinnen, graue Mäuse in Glamour Girls und Vogelscheuchen in modebewusste Damen zu verwandeln.« Audrey Hephurns schwarzes Fähnchen in *Frühstück bei Tiffany* ist nur einer ihrer Triumphe. Das grüne Jäckchenkleid von Tpipi Hedren in *Die Vögel*, Kim Novaks luxuriöser weißer Wollmantel in *Vertigo* – allen Filmen von Alfred Hitchcock hat sie den besonderen Stil verpasst. Das Alter war also nur eine der kleineren Herausforderungen für eine wie Edith Head, die selber 84 Jahre alt wurde. Heute würde sie sicherlich auch jedweden Film mit Maggie Smith (etwa *Downton Abbey*) oder Charlotte Rampling (*45 Years*) oder Meryl Streep (*Die eiserne Lady*) empfehlen.

YOU'LL NEVER WALK ALONE

Im besten Alter sind immer auch andere Leute. You'll never walk alone. Älter geworden sind mit uns und vor uns:

Justin Bieber, 22 – Nicole Kidman, 48 – Cate Blanchett, 46 – Winfried Kretschmann, 67 – Gisele Bündchen, 35 – Steven Spielberg, 69 – Joschka Fischer, 67 – Minu Barati, 40 (5. Frau von Joschka Fischer) – Maggie Smith, 81 – Patti Smith, 69 – Harald Martenstein, 62 – Joseph Ackermann, 67 – Elizabeth Alexandra Mary von Windsor (Queen Elizabeth II.), 89 – Victoria Beckham, 41 – Martin Walser, 89 – Woody Allen, 80 – Sandra Maischberger, 49 – Helene Fischer, 31 – Gerhard Richter, 84 – Susan Sarandon, 69 – Angela Merkel, 61 – Max Goldt, 57 – Paris Hilton, 35 – Joachim Löw, 56 – Fritzi Haberlandt, 40 – Vivienne Westwood, 75 – Jamie Oliver, 40 – Marianne Faithfull, 69 – Christine Lagarde, 60 – Yoko Ono, 83 – Mick Jagger, 72 – Kate Moss, 42 – Charlotte Roche, 37 – Helen Mirren, 70 – Hape Kerkeling, 51 – Diane von Furstenberg, 69 – Roger Willemsen, 60 – Ursula von der Leyen, 57 – Maren Kroymann, 66 – Judi Dench, 81 – Anke Engelke, 50 – Wolfgang Schäuble, 73 – Tina Turner 76 – Charlotte Rampling, 70 – Papst Franziskus, 79 – Adele, 27 – Eva-Maria Hagen, 80 – Corinna Harfouch, 61 – Aretha Franklin, 73

BIBLIOGRAPHIE

Chimamanda Ngozi Adichie, *We should all be Feminist*, New York 2012

Diana Athill, It's silly to be frightened of being death, *The Guardian*, Journal, 23.9.2014

Dietz Bering, *Die Epoche der Intellektuellen 1898–2001*, Berlin 2011

Norberto Bobbio, *Vom Alter – De senectute*. Aus dem Italienischen von Annette Kopetzki, Berlin 1997

Silvia Bovenschen, *Älter werden. Notizen*, Frankfurt am Main 2006

David Bowie, zitiert nach Geoffrey Marsh, Kurator der David-Bowie-Ausstellung am Victoria and Albert Museum (V&A), London. In: *Monopol* http://www.monopol-magazin.de/das-erbe-von-ziggy-stardust

Brigitte Woman Special, »Entspannt älter werden. Wie Frauen ihre besten Jahre genießen«, Hamburg 2015

Marc Brost, Heinrich Wefing, *Geht alles gar nicht. Warum wir Kinder, Liebe und Karriere nicht vereinbaren können*, Reinbek bei Hamburg 2015

Constanze von Bullion, »Luftschlösser«, *Süddeutsche Zeitung*, 6.11.2014

Patricia Cohen, Over 50, female and jobless even as others return to jobs, *New York Times*, 1.1.2016

Roger-Pol Droit, *Wenn ich nur noch eine Stunde zu leben hätte.*

Aus dem Französischen von Hainer Kober, Reinbek bei Hamburg 2015

Susanne Eversmann, Antje Kunstmann, *When I'm Forty-Four. Das große Lesebuch für die besten Jahre des Lebens*, München 1993

Philipp Felsch, *Der lange Sommer der Theorie. Geschichte einer Revolte 1960–1990*, München 2015

Heiner Geissler, »Die Berliner Siegessäule würde ich sofort sprengen«, Gespräch mit Malte Herwig, *SZ-Magazin*, 29.5.2015

Betty Halbreich, *I'll drink to that. A life in style, with a twist*, New York 2014

Robert Pogue Harrison, *Ewige Jugend. Eine Kulturgeschichte des Alterns*, München 2015

Edith Head mit Joe Hyams, *Dress for Success. Das kleine Buch für die erfolgreiche Frau*. Aus dem Englischen von Jasemine Dincer, Berlin 2015

Thomas Hettche, *Pfaueninsel*, Köln 2014, S. 32

Christopher Hitchens, *Endlich. Mein Sterben*. Aus dem Englischen von Joachim Kalka, München 2012

Angela Hornberg, »Es muss endlich ein Rock durch Deutschland gehen. Ein offener Brief an die Bundeskanzlerin«, *Süddeutsche Zeitung*, 13.10.2014

John Leland, »A Group Portrait of New York's Oldest Old«, www.nytimes.com/2015/06/07/nyregion/a-group-portrait-of-new-york-odest-old.html

Doris Lessing, *Das Tagebuch der Jane Somers*. Aus dem Englischen von Barbara Schönberg, Stuttgart 1984

Harvey Little, *You're not old you're just not that young*, Chichester 2012

Jane Martinson, Where are the older women in news? *The Guardian*, 27.10.2014

Susanne Mayer, »Wenn Sie Flügel haben, fliegen Sie«, Interview mit Henning Mankell, *Die Zeit*, 11.4.2015

Friederike Mayröcker, *Kulturspiegel* 1/2015, S. 46

Pamela McCorduck, Nancy Ramsey, *Die Zukunft der Frauen. Szenarien für das 21. Jahrhundert*. Aus dem Englischen von Christiana Godmann, Frankfurt 1998

Basha Mika, *Die Feigheit der Frauen: Rollenfallen und Geiselmentalität. Eine Streitschrift wider den Selbstbetrug*, München 2011

Sherwin B. Nulan, *Wie wir sterben*. Aus dem Englischen von Enrico Heinemann, München 1994

Josef Ortheil, *Das Glück der Musik – vom Vergnügen, Mozart zu hören*, München 2006

Laurie Penny, *Unsagbare Dinge. Sex, Lügen und Revolution*. Aus dem Englischen von Anne Emmert, Hamburg 2015

Uwe Pörksen, *Camelot in Grunewald. Szenen aus dem intellektuellen Leben der achtziger Jahre*, München 2014

Oliver Sacks, *Dankbarkeit*. Aus dem Englischen von Hainer Kober, Reinbek bei Hamburg 2015, S. 29

Rüdiger Safranski, *Romantik. Eine deutsche Affäre*, München 2007

Helke Sander, *Der letzte Geschlechtsverkehr und andere Geschichten über das Altern*, München 2013

Christopher Schmidt, »Bitte mal aufwachen«, *Süddeutsche Zeitung*, 6.7.2015

Gabriele Schor, *Feministische Avantgarde. Kunst der 1970er Jahre aus der Sammlung Bund*, Wien, München, London, New York 2015

Rebecca Solnit, *Wenn Männer mir die Welt erklären*. Aus dem Englischen von Kathrin Razum und Bettina Münch, Hamburg 2015

Lisl Steiner, *Lisl Baby*, Baden 2015

Rachel Sussman, *Die ältesten Lebewesen der Erde; mit Essays von Hans Ulrich Obrist und Carl Zimmer*. Aus dem Englischen von Ulrike Becker, Köln 2015

Dylan Thomas, *Gedichte*, München 1999

Emma Watson, Rede vor den Vereinten Nationen über den Feminismus und ihre Rolle als UN-Botschafterin für die Angelegenheiten von Frauen, 20.9.2014 http://www.youtube.com/watch?v=c9SUAcNlVQ4

Rudi Westendorp, *Alt werden, ohne alt zu sein. Was heute möglich ist*, München 2015

William Butler Yeats, »Segeln nach Byzanz«. In: *Moderne Englische Lyrik*, hrsg. v. Willi Erzgräber und Ute Knoedgen. Aus dem Englischen von Ingeborg und Wolfgang Weber, Stuttgart 1976, S. 109

Volker Zastrow, »Die Wut der Friedenskinder«, *Frankfurter Allgemeine Sonntagszeitung*, 17.5.2015

DANK

Wie viele Jahre ist es her, dass die Literaturagentin Barbara Wenner und ich in einem Café saßen, mit Blick auf die Hamburger Außenalster, und ein Buch planten? Das Gedächtnis! Zickt in der Vintage-Zone. Ich werde jedenfalls nie die sanfte, nachdrückliche, geradezu an Übermut grenzende Beharrlichkeit vergessen, mit der Barbara Wenner dieses unser Buchprojekt verfolgte. Danke!

Eine freundliche Annäherung an Alter braucht eine heitere Atmosphäre und Anregungen und Vorbilder. Zurückschauend waren es vielleicht zuerst die hübschen Etui-Kleider meiner Mutter, die heute in meinem Schrank hängen. Schwarz getuschte Rosen auf silbriger Seide. Trevira in Rostrot mit grauen Schlieren. Fünfziger-Jahre-Kostbarkeiten! Es waren viele verlockende Eindrücke von Stil und Haltung, die sich mir über die Jahre einprägten – ich verneige mich vor Margrit Gerste, vor Nina Grunenberg, vor Monika Helmbock, deren Grandezza mich immer mit Erstaunen und Freude erfüllt hat. Ich danke Silke Janovsky von *Zeit online* für ihre kesse Ermunterung, ich könne jetzt doch auch mal über mein Alter schreiben. Dank überhaupt den jungen KollegInnen in der *Zeit* für ihren unerwarteten Support – unter ihnen Rabea Weihser, David Hugendick, Maria Exner, Nina Pauer, Kilian Trotier. Dank besonders meinen Söhnen, die zuverlässig stilermutigend wirken und jede Anspielung auf mein Alter mit einem »Aber Mama!«

wegwischen. Dann wären da noch meine Freundin Christiane Grefe, eine wilde Ermutigerin, und Claudia Steinberg, die aus New York für die *Vogue* berichtet und die mit mir diese Leidenschaft für Überschwang teilt, der den Alltag erst erträglich macht. Das und Pink Champagne im Park!

Aus alldem ist dieses Buch geworden, weil der Berlin Verlag mich aufgenommen hat, »a warm welcome« hat seitdem einen neuen Sound. Meine Lektorin Kathrin Liedtke hat sich als ein Bollwerk von heiterer unerschütterlicher Zuversicht erwiesen – danke! Von den Verlegern über die Presse bis zur Herstellerin war das ganze Team befeuernd, liebenswürdig, geduldig – alles, was eine ältere Lady braucht. Allen – danke!